크리스천 생존 수업

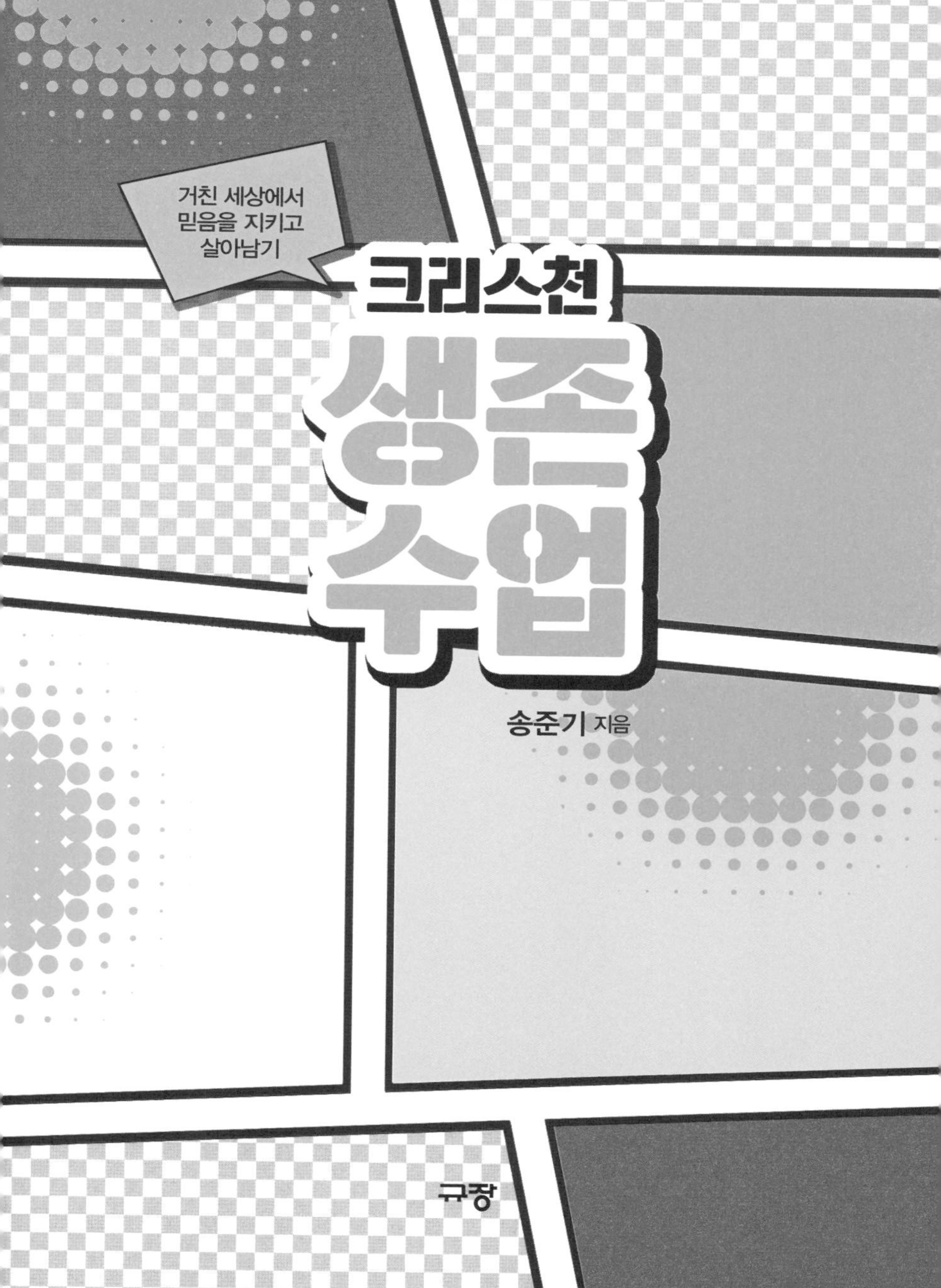
거친 세상에서
믿음을 지키고
살아남기
크리스천
생존
수업
송준기 지음
규장

이기기를 다투는 자

반갑다. 나는 크리스천 생존 수업을 이끌 송준기 목사이다. 지금부터 당신은 12가지 생존술을 훈련받게 된다. 이 과정의 목표는 당신이 크리스천 정체성을 갖고 세상에서 이기며 살아가는 기술을 익히는 데 있다.

강의에 앞서, 크리스천 생존 수업이 탄생한 두 가지 배경을 설명하겠다.

첫 번째, 교회를 진행하다 보니 필요를 느껴서

나는 땅끝까지 복음을 전하기 위한 최선의 방법을 발견했다. 바로 한국에 선교적 교회를 개척하는 것이다. 21세기 선교의 중요한 과제 중 하나는 무슬림 전도이다. 여기에는 최적화된 선교론과 그 실천적 바탕인 교회론이 필요하다. 그래서 개척한 웨이처치에는 중앙집권적인 의사 결정이나 프로그램이 없다. 그 대신 모든 성도가 각자의 삶을 선교 현장으로 삼고, 자신은 물론 다른 사람을 제자화하도록 돕는 네트워크로 존재한다. 예수께 집중해서 각자 제자화하는 사람들의 피라미드 조직이며, 자비량으로 싸우는 게릴라 조직이다.

그 개척 과정은 4단계로 진행된다.

1단계: 나 자신이 기도와 말씀으로
예수께 집중하는 한 사람이 된다.

2단계: 삶의 현장에서 제자가 될 만한 소수의 사람을 찾는다.

3단계: 그와 1주일에 3-4번 만나며
예수께 집중할 수 있게 돕는다.

4단계: 도움받는 자 역시 훈련받으며 또 다른 제자를 세워,
그가 다른 사람을 양육할 수 있게 한다.

누가 담임목사인지 아는 성도보다 모르는 성도가 더 많고, 모든 교인이 제자화를 진행하며, 누구나 교회 개척자가 될 수 있다. 이 교회는 사역자와 평신자 구분이 없고 사람이 있

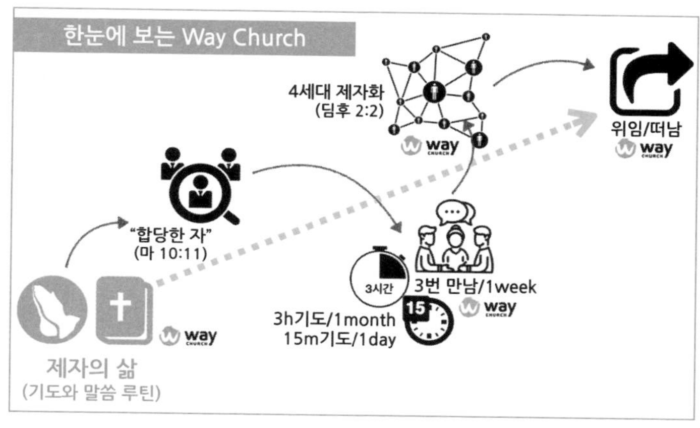

는 곳이라면 어디든 교회가 될 수 있다. 여러 사역 중의 하나로 선교하는 게 아니라, 선교 자체로 존재하는 교회이다.

가장 큰 특징은 '사람 중심'이다. 인본주의적 사람 중심이 아니라 제자화를 진행하는 사람들을 중심으로 교회의 모든 일이 진행된다(이런 교회를 '선교적 교회'라고 부르겠다).

선교적 교회는 선교적 크리스천으로 이뤄진다. 교회 시스템 어딘가가 아닌 세상 한복판에서 사역하는 한 명의 크리스천이 천국 정체성으로 승리하며 살아내야 선교적 교회가 된다. 흔히 말하듯, 교회 모임에서는 '소금'이지만 세상에서는 '설탕' 같다면 그는 선교적 교회를 이룰 수 없다.

나는 선교적 교회를 진행할 선교적 크리스천을 키우는 일에 오랜 시간 집중해왔다. 그 과정에서 터득한 양육 노하우를 웨이처치 제자화에 반영하고 있다. 곧 당신도 이 책을 통해 접하게 될 것이다.

두 번째, 대부분의 크리스천에게 필요함을 느껴서

나는 목사이다. 소명에 따라 성경 66권을 통해 예수 그리스도를 전하는 풀타임 사역자로 헌신하며 많은 사람을 만났다. 특히 웨이처치를 매개로 SNS, 기독교 방송, 책 등을 통해 교회 안팎의 불특정 다수와 연결되었다.

매일 아침, 사람들의 질문이 담긴 이메일에 답변하며 하루를 시작한다. 그 질문의 주된 내용은 고민 상담과 성경적 세계관에 대한 궁금증이다. 최대한 많은 사람에게 답장을 보내고, 마음에 감동이 되는 내용을 보낸 이들과는 종종 통화하거나 직접 만나서 상담하기도 한다.

그러다가 흥미로운 점을 발견했다. 수많은 이들의 고민 내용이 비슷했다. 다양한 질문은 몇 개의 카테고리로 분류되었다. 교회, 학교, 직장, 가정에서의 관계, 각종 중독, 연애와 결혼, 성, 진로와 비전 문제였다. 이들 내용에는 공통점이 있었는데, 결국 '정체성'에 대한 고민이었다.

"크리스천으로서 어떻게 살아남을 것인가?"

이 질문 앞에 나는 세 가지 방향에서 분노를 느꼈다.

첫째, 크리스천을 박해하는 세상을 향해

둘째, 세상을 이기는 능력을 갖고도 전혀 혹은, 거의 사용하지 않는 크리스천들을 향해

셋째, 창조주의 자녀들을 강하게 훈련하지 않았던 나를 향해

어떤 설교자에게서 "분노는 사명이 된다"라는 말을 들었다. 내게도 이 문장은 적용되었다. 웨이처치를 실행하는 사람들뿐만 아니라 더 많은 사람을 만나 대화하고 싶었다. "주 안에서 그 힘의 능력으로 강건해지게"(엡 6:10) 돕고 싶었다.

이 책을 통해 나는 당신과 만나고 싶다. 크리스천 생존 수업 12강을 함께하고 싶다. 예수님이 머리이시고 우리는 그분의 각 지체이다. 당신이 이겨야 나도 이긴다.

왜 12강인가?

성경에 등장하는 숫자들에는 각각 고유한 의미가 있다. 그중에서도 '12'는 하나님의 사역을 뜻하는 기본수이다. 우리는 창세기 1장에서 '6일 창조'를 볼 수 있다. '6'은 창조 사역의 한 사이클이며, 7일째에 하나님이 '안식'을 취하셨다.

한편, 아담 입장에서 그의 생애 첫날은 하나님 사역의 마지막 날이었다. 그러니 아담의 본격적인 업무 개시일은 창조주의 8일째이고, '8'은 6일 사이클의 두 번째 회기 첫째 날이 된다.

이렇게 안식일을 기점으로 창조주의 6일과 아담의 6일을 합치면 12일이 된다. 흥미롭게도 하나님은 구약에서 열두 지파와 열두 장로를 세워 구속사를 진행하셨고, 예수님은 신약에서 열두 제자를 세워 인자의 사역을 행하셨다.

이처럼 신구약에서 6의 사이클 2회기는 창조주 사역과 그분의 구속사에 등장한 인간의 위치를 마치 포개어진 그림처럼 보여준다.

주변을 둘러보라. 우리는 지금 영적 전장의 한가운데 서 있다. 예수님을 믿고 따르기 시작한 순간부터 벌어진 전쟁이다. 지옥세력은 끊임없이 당신을 예수님으로부터 멀어지게 하려고 최선을 다한다.

우리는 따뜻한 교실에서 일정표에 맞춰 훈련받는 사치를 누릴 수 없다. 오히려 치열한 전장에서 싸움을 통해 훈련받아야 하는 천국 전사들이다.

1부

크리스천 생존 수업 12강

차 례

2부

로마서 12장에서 보여주는

크리스천 관계 12병법

1부

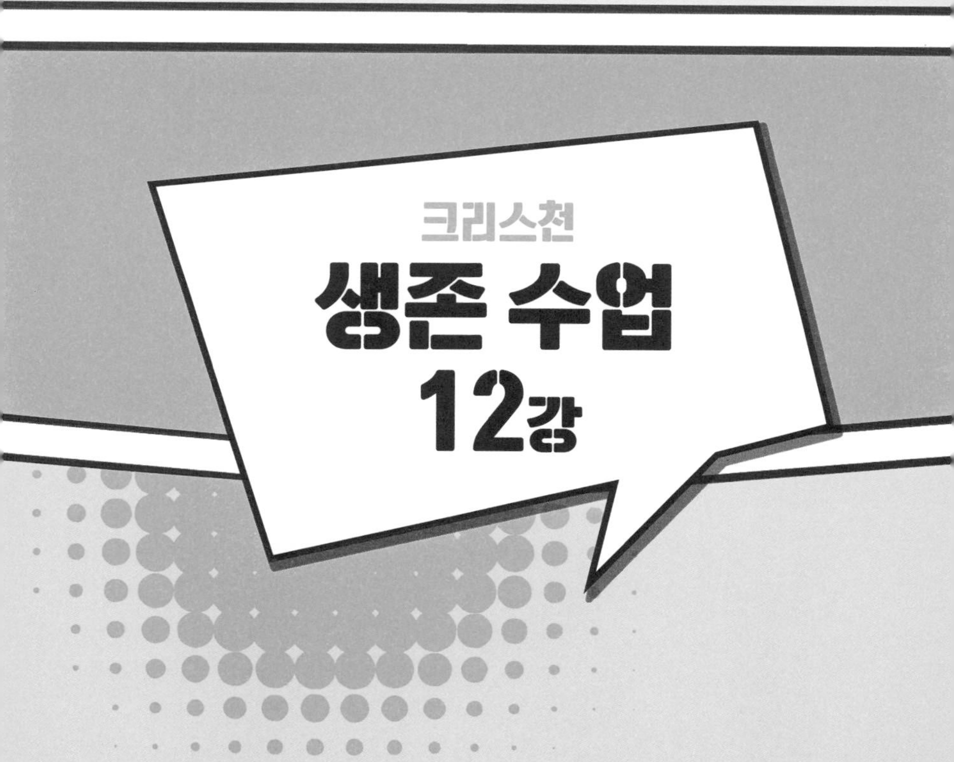

불 피우기
회개를 지속하라

생존의 기본 요소는 불이다. 어떤 오지에 낙오되더라도 불이 있으면 산다. 불을 통해 체온 저하를 막고, 장비를 말리며, 야생 짐승과 여러 가지 환경의 위협으로부터 자신을 지킬 수 있다.

또한 불이 있어야 소독이 가능하다. 거친 환경에서 간신히 얻은 물과 음식들은 대부분 오염되었기 때문에 불로 가열하여 끓이고 태워야 깨끗해진다. 상처도 마찬가지이다. 불은 자가 치유에도 큰 도움이 된다.

첫 훈련은 '영적인 불을 지피는 방법'이다.

훈련 내용과 목표

첫 훈련 목표는 거룩한 불 지피기이다.

더 엄밀히 말하면, 심령에 담긴 하나님의 불을

간직하는 방법이다.

다음을 복창하라.

> 나는 불을 만들어내지 못한다!
>
> 하나님이 불이시다!
>
> 그 불은 그리스도를 통해 옮겨 붙는다!
>
> 불은 공짜로 받았으나 땔감은 직접 준비해야 한다!
>
> 땔감은 성령의 기름이다!

나는 불을 만들어내지 못한다

모든 불은 땔감을 먹고 타오른다. 거룩한 불도 그렇다. 그 불을 지키려면 당신의 영혼이 하나님의 불에 잘 붙는 성질이어야 한다. 그러나 당신은 죄인이다(롬 3:23, 5:8). 거룩한 불을 피우기는커녕 쉽게 꺼뜨려 그 불을 유지할 수도 없는 존재이다. 천국이 아닌 지옥 땔감으로 더 적합하다. 예수님을 믿고 회개하여 성령의 불을 받았음에도(행 2:38), 날마다 두 마음을 품고 죄 짓는 데 탁월하다(롬 7:24,25).

하나님이 불이시다

자기 자신이 가연성 인생이 아니라는 진실을 알아야 외부에서 불의 '근원'을 찾는다. 이는 기독교 신앙의 핵심이기도 하다. 내 안에는 선한 것이 없으며 죄를 지을 수밖에 없는 존재임을 알아야 한다.

우물 안에서 보이는 하늘 크기는 한 뼘뿐이다. 우물 밖으로 나가야 더 큰 하늘을 볼 수 있다. 마찬가지로 "왜 나는 항상 뜨겁지 않은가"라는 자문만으로는 불을 피울 수 없다.

"나 스스로는 불을 피워 뜨거운 상태를 유지할 수 없으니, 외부에서 불을 찾자"라며 우물 밖으로 나와야 한다.

우리 하나님은 소멸하는 불이심이라 히 12:29

성경이 말하는 이 불의 본래 기능은 '심판'과 '정결'이다. 하나님이 불로 임하시는 곳마다 죄가 소멸되고 어둠이 물러간다. 또한 차가운 곳에 온기가 돌고, 더러움이 정화되며 약한 것이 강해진다.

그 불은 그리스도를 통해 옮겨 붙는다

죄인은 하나님과 원수 관계이다(롬 5:10, 8:7; 약 4:4). 그러나 그 사이에 주님의 거룩한 불이 임했으니, 그 불이 바로 예수 그리스도이시다.

또 십자가로 이 둘을 한 몸으로
하나님과 화목하게 하려 하심이라
원수 된 것을 십자가로 소멸하시고 엡 2:16

당신이 예수님을 믿음으로 주님의 십자가를 통해 죄인의 본성이 소멸되었다. 이 사건은 일회적이지 않다. 예수님을 믿기 시작한 이래 줄곧 그 불이 당신의 심령에 불타오르고 있다. 다만 문제는 우리가 매번 죄를 지으며 그 불 위에 찬물을 끼얹는 데 있다.

불은 공짜로 받았으나 땔감은 직접 준비해야 한다

처음 성령세례는 불로 묘사되었다(행 2:3). 그 불은 그리스도께 있고 회개를 통해 임한다.

베드로가 이르되 너희가 회개하여

각각 예수 그리스도의 이름으로
세례를 받고 죄 사함을 받으라
그리하면 성령의 선물을 받으리니 행 2:38

베드로의 외침에는 '회개'와 '믿음', '성령세례'의 상관관계가 잘 묘사되어 있다. 이 셋은 서로 떨어지지 않는다. 회개는 단순한 후회나 새로운 다짐이 아니다. 바로 "예수 그리스도의 이름으로 세례를 받고"로 이어지는 행동이다.

초대교회 크리스천들에게 '회개'는 목숨을 건 공개 선언이었다. 생각해보라. 1세기 로마 정부 하에서 십자가 사형수를 따르던 무리는 늘 순교할 위기 속에 살았다. 그런 시대적 분위기에서 공개적으로 세례를 받거나 베푸는 사람들은 어떤 자세로 인생을 살았을까?

그 시대 크리스천들에게 회개는, 영적일 뿐만 아니라 육체적으로도 생명을 건 신앙고백이었다. 예수님을 따르는 첫걸음이었고, 그 걸음 끝에는 죽음이 기다렸다.

땔감은 성령의 기름이다

성령의 불은 회개의 땔감으로 타오른다. "회개하라"라는 명령은 사도들뿐만 아니라 세례 요한과 불의 근원이신 예수님도 말씀하셨다(마 3:2, 4:17). 그 회개는 일회적인 요구가 아니었다(Μετανοῖτε: 2인칭, 현재, 명령형, 능동태, 복수). 주님은 우리에게 현재형으로 지속되는 회개를 명령하셨다.

구약에서는 성전 제사장이 하나님의 불을 지속하는 임무를 맡았다. 그들은 성전 불을 유지할 순전한 기름을 직접 준비해야 했다. 이는 엄중하고 거룩한 일이었다. 만약 그 불을 꺼뜨리거나 훼손하면 하나님께 죽임을 당했다(레 10:1,2).

한편 신약에서는 예수님을 통해 모든 성도가 거룩한 제사장으로 임명되었다(롬 15:16; 벧전 2:5). 당신도 바로 이 영적 직분을 수행하는 사람이다. 그러니 회개를 현재형으로 지속하며 늘 성령의 거룩한 기름을 준비하는 영적 제사장으로 우뚝 서라.

TEST 불을 찾지 말고 당신이 불이 되라

#1강 #나는불이아니다 #하나님이불의근원이시다 #성령의기름

1. 크리스천으로 살기 위해 '세상에서 불을 피운다'라는 것은 무슨 의미인가?

2. 회개의 근원이 되는 다섯 가지 생각은 무엇인가?

   1)

   2)

   3)

   4)

   5)

실 천 과 제

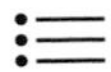

1. 당신의 영혼은 성령의 불에 잘 붙는가? 그렇다면 이유는 무엇인가? 만약 아니라면 이유는 무엇인가? 대답의 근거를 성경에서 찾아 확인해보라.

2. 지속적인 회개가 당신을 거룩하게 한다. 크리스천에게 회개는 일회성 이벤트가 아니다. 마치 구약의 제사장이 성전 불을 꺼뜨리지 않을 임무를 맡았듯이 당신도 성령의 불이 계속 타오르게 해야 한다.

다음 성구를 암송하며 당신의 임무를 기억하라.

너희도 산 돌같이 신령한 집으로 세워지고
예수 그리스도로 말미암아 하나님이 기쁘게 받으실
신령한 제사를 드릴 거룩한 제사장이 될지니라 벧전 2:5

공급
달라져야 이긴다

훈련은 실전보다 높은 강도가 좋다. 그래야 실전에서 쉽게 대처할 수 있기 때문이다. 거룩의 불도 그렇다. 어떤 환경에서든 꺼지지 않는 불이 되려면 평소에 강하게 타올라야 한다. 어떤 잔인한 환경에 떨어지더라도 그 불은 여전히 타오를 테니까!

강한 불을 피우기 위해서는 지속적으로 연료를 공급할 준비를 해야 한다. 또한 하나님의 불이 붙어있는 당신이 먼저 가연성이어야 한다. 어떤 열악한 상황에서도 바짝 마른 장작처럼 주님의 불을 맞이하라.

두 번째 훈련은 '영적인 불을 꺼뜨리지 않기'이다.

훈련 내용과 목표

당신은 불의 근원을 준비했다.
이제 그 불을 유지하는 구체적인 방법인
'노력'과 '습관'을 연습해보자.

노력

예수님의 천국은 종종 '결혼'에 비유된다. 마태복음 25장에 나오는 혼인 잔치 이야기도 그중 하나이다. 열 명의 처녀가 혼인 잔치를 준비하며 신랑을 기다린다.

사람들을 초대하고 신부를 직접 데리러 가는 건 신랑의 몫이나, 신랑을 맞이할 불과 기름 준비는 신부와 친구들의 몫이다(마 25:3,4).

★ 왜 노력해야 하는가?

흔히 '노력'을 이야기할 때는 '은혜'를 훼손하는 것으로 생각한다. 그러나 성경은 분명히 크리스천으로서 할 일에 게으르지 말라고 경고한다(마 25:1-13).

두 부류의 크리스천이 있다. 한 부류는 등만 있고 기름은 준비하지 않았다. 등을 밝힐 불을 관리하기는커녕 잠들어 있었다(마 25:5). 게으름의 전형이다.

우리는 불을 받았다. 예수 그리스도의 십자가 희생으로 구원의 능력을 공짜로 얻었다. 말하자면 '등'이 있다. 그러나 등을 지속적으로 밝힐 기름을 준비하지 않는다면 잠들어 있는 것이다. 성경은 이렇게 경고한다.

그 후에 남은 처녀들이 와서 이르되
주여 주여 우리에게 열어주소서
대답하여 이르되 진실로 너희에게 이르노니
내가 너희를 알지 못하노라 하였느니라
그런즉 깨어있으라
너희는 그날과 그때를 알지 못하느니라 마 25:11-13

★ 어떤 노력을 해야 하는가?

불을 키우려면 기름을 부으면 된다. 이 둘은 서로에게 환장한다. 그렇다면 하나님의 불에 쏟아 넣을 최고의 땔감은 무엇일까? 바로 '거룩'이다. 거룩은 회개로 만들어진다. 우리는 회개에 노력해야 한다. 그 회개는 '멈춤 – 반성 – 액션'의 세 가지 행동으로 진행된다.

회개하려면 먼저 멈추어야 한다. 사실 히브리어 성경에서 "안식"의 원어 뜻을 직역하면 '멈춤'이다. 죄인들은 끊임없이 주님 앞에서 멈춰야 한다. 멈춤은 정해진 시간에 그분 앞에 나와서 기도하고 말씀을 보는 일이다. 그러면 하나님의 생각이 나와 다르다는 사실을 깨닫는다.

그러면 두 번째 회개 프로세스인 '반성'이 시작된다. 이때는 죄책감, 후회, 반성, 회개 등이 몰려온다. 하나님이 좋아하시는 걸 싫어하고, 미워하는 걸 사랑했던 자신을 발견한다. 때로는 눈물을 흘리거나 소리를 지르기도 한다. 회개의 중요한 과정이다. 그러나 반성만으로는 의미 있는 회개에 이르지 못한다.

온전한 회개는 액션(돌이키는 행동)으로 완성된다. 흔히 말하는 '회개의 열매'까지 맺어야 진정한 회개이다. 반성한 일을 다시 하지 않겠다고 결단하고 행동으로 옮겨라. "자기를 부인하고 자기 십자가를 지는"(마 16:24) 액션을 취하라.

삭개오는 "주여 보시옵소서 내 소유의 절반을 가난한 자들에게 주겠사오며 만일 누구의 것을 속여 빼앗은 일이 있으면 네 갑절이나 갚겠나이다"(눅 19:8)라며 회개했다.

경외함의 의미를 깨닫게 된 욥은 "그러므로 내가 스스로 거두어들이고 티끌과 재 가운데에서 회개하나이다"(욥 42:6)라고 반성하며 친구들과 함께 번제를 드리는 액션을 취했다.

★ 어떻게 노력해야 하는가?

노력은 의도적인 행동을 취한다는 의미이다. 어떤 운동선수라도 거저 금메달을 따지 못한다. 어떤 연주자도 매일 연습하지 않고 무대에 설 수 없다.

회개에도 노력의 요소가 있다. 하나님이 맡겨주신 회개의 은혜에 우리가 직접 '반응'하는 액션이 요구된다. 회개 프로세스를 따라 다음과 같이 실천해보자.

1) 멈춤

어떤 일을 처음 시작할 때 15분은 심리적으로 의미 있는 시간이다. '새로운 습관 형성을 위한 최소 단위'이기 때문이다(이치카와 마코토, 《자기 전 15분, 미니멀 시간 사용법》). 만약 하나님 앞에서 지속적으로 멈춘 경험이 없다면 15분부터 새롭게 시작해보자.

잠시 책을 내려놓고, 알람을 설정해보라. 15분간 아무것도 하지 말고 단지 기도해보라. 기도는 하나님과의 대화이다. 숨을 깊이 들이마셔라. 그리고 내쉬면서 "주님!"이라고 불러라. 그리고 다음 성구를 암송해 기도 중에 읊어보라.

이에 예수께서 제자들에게 이르시되
누구든지 나를 따라오려거든 자기를 부인하고

자기 십자가를 지고 나를 따를 것이니라 마 16:24

영혼의 초점을 예수님에게 맞춰라. 말은 생각을 집중하는데 도움이 되니 "주님"을 반복해서 불러보라. 성구 암송도 반복하라.

2) 반성

15분이 지났다면 아래 빈칸에 떠오른 생각을 적어보자. 기도하는 동안 생각난 '반성'도 좋다. 글로 적는 행동은 훌륭한 회개 액션이다. 만약 반성할 내용이 전혀 떠오르지 않는다면 다음 날 같은 시간에 '멈춤'을 반복하라.

____

____

3) 액션

돌이킴 액션은 '전략 – 실행 – 점검'으로 진행된다.

전략 – 먼저 위에 적은 글을 실행하기 위한 전략을 세워라. 이는 실행 가능한 형태의 준비여야 한다. 예를 들어보자. 반성 항목으로 '금연'을 적었다면 '담배를 피우고 싶을 때마다 사탕 사기'라고 적어라. '독서'라면 읽을 책 제목을 이어서 적어보라. '전도하기'라면 언제, 어디서, 어떤 방법으로, 누구에게 전도하려고 하는지 계획해보라.

실행 – 글로 수영을 배울 수 없다. 글로는 훌륭한 연주자도 될 수 없다. 회개도 그렇다. 액션이 없는 회개에는 열매가 맺히지 않는다. 적어본 반성의 전략을 그대로 실행하는 과정이 꼭 필요하다.

점검 – 만약 실행하기 어려웠다면 전략이 잘못되었을 가능성이 높다. 전략으로 돌아가서 '지금 당장 할 수 있는 일'로 더 잘게 쪼개어보라. 예를 들면, '땅끝까지 복음 전하기'는 좋은 목적일지는 몰라도 좋은 전략은 아니다. '오늘 만나는 첫 번째 사람에게 무조건 예수님을 믿는지 물어보기'처럼 당장 실행할 수 있는 전략이 좋다.

습관

불을 만드는 데 필요한 또 하나의 요소는 '습관'이다. 습관 훈련을 위해 썰 하나를 풀겠다. 개 이야기이다.

어릴 적 내가 살던 동네의 누렁이들은 줄에 묶여있지 않고 자유롭게 돌아다니며 놀았다. 우리 집 개도 마찬가지였다.

그러다 밥때가 되면 할머니가 개밥그릇을 땡땡 두드리며 "독끄 독끄 독끄!" 하고 불렀다.

그러면 어디서 튀어나왔는지 우리 집 개와 다른 집 개 몇 마리가 함께 마당으로 들어왔다. 이웃집 개들은 쫓겨났고, 우리 독끄는 밥그릇에 코를 박았다.

한편, 그때는 국민학교(초등학교)마다 '쥐잡기 운동'을 했다. 특정한 날에 각자 쥐 한 마리씩 잡아서 학교에 가져가는 숙제도 있었다. 그래서 동네 곳곳에 쥐약과 쥐덫이 놓여있었다.

우리 집 독끄는 쥐약 먹은 쥐를 자주 삼켰다. 그날도 어김없이 삼키고는 속이 안 좋았는지 밥그릇 옆에 반쯤 소화된 쥐를 토했다. 개밥 주러 나왔던 할머니는 소리 지르며 독끄를 발로 걷어찼다.

"이 문디가 만다꼬 지 짬은 재끼두고 자꼬 쥐를 잡아묵어 쌌노!"

옆구리를 한 대 맞은 독끄는 밥그릇을 끌고 구석으로 가서는 밥을 씹지도 않고 삼켰다. 그리고 순식간에 끝낸 식사를 아쉬워하며 두리번거렸다. 그러다 조금 전 자기가 뱉어놓았던 죽은 쥐를 발견하고는 반갑게 달려가 다시 입에 물었다. 닭장 문을 잠그고 돌아오던 할머니가 그 모습을 보고 빗자루를 들었다.

"주디 안 벌리나! 이 디러븐 너마! 창시 다 디지빌라고 환장했나!"

독끄는 맞으면서도 쥐 문 입을 앙다물고 도망쳤다. 할머니는 개 꽁무니를 향해 빗자루를 던지며 쥐를 뱉으라고 소리쳤다. 그러나 큰 걱정은 없었다. 늘 그랬듯이 소화되기 전에 다시 어딘가에 토할 것이었다.

> 개가 그 토한 것을 도로 먹는 것같이
> 미련한 자는 그 미련한 것을 거듭 행하느니라 잠 26:11

당신도 이런 누렁이들을 아는가? 그들은 오늘날의 훈련된 애완동물과 달랐다. 오히려 잠언의 개와 비슷했다.

내 유년 시절 기억 속의 개들은 먹고 뱉었다 다시 먹기를 반복했다. 주인 없는 개라서가 아니었다. 다른 대체 음식이 없어서도 아니었다. 그저 식탐과 무절제로 음식을 분간하지 못하는 무지함 때문이었다.

그런데 무지함보다 더 큰 문제는 습관이었다. 쥐를 먹고 토했다 다시 집어먹는 더러운 행동은 우리 집 독끄의 습관이었다. 성경은 무지와 습관을 연결해 개에 비유한다. 특히 잠언에서는 '토한 것을 도로 먹는 것'과 '미련한 짓을 거듭 행하는 미련함'을 함께 다룬다.

만약 예수님을 믿고 거듭난 당신이 어떤 죄를 짓고 회개하며 토한 다음 다시 같은 죄를 짓는다면, "개 같다."

★죄에 대한 무지, 죄의 습관, 죄의 무감각

나는 남자고등학교를 나왔고, 군대에도 다녀왔다. 욕을 안다. 주로 욕설에는 접두어 '개'가 들어간다(물론 '새끼'나 '자식'으로 꾸며주면 더 깊어진다).

'개' 대신 '독사'를 쓴 사례도 있지만(마 12:34), 성경시대의 사람들도 우리와 비슷했다. 잠언은 죄인에게 대놓고 가운뎃손가락을 날린다. 욕설을 보낸다. 그럴 만한 근거가 세 가지나 있다.

첫째, 죄는 더럽다. 그러나 더러운 걸 더러운지 모른다. '개가 토한 것을 도로 먹는 것'은 사람이 볼 때 더럽지만, 정작 개는 모른다. 무지하니 똥인지 된장인지 모르고 삼킨다.

죄도 그렇다. 하나님이 보실 때 더럽다. 그분은 죄를 너무 싫어하신다. 그럼에도 죄를 좋아하는 우리는 더러움을 인식하지 못하고 삼킨다. 죄의 더러움을 모르는 죄인은 개 같다.

둘째, 한두 번이 아니다. 계속 죄를 짓는다. 죄가 습관이 되기까지 반복한다. "그 미련한 것을 거듭 행한다"라는 말은 아예 습관으로 간직한다는 소리이다.

하나님이 죄인에게 회개의 영을 부어주신 건 은혜이다. 그러면 은혜받은 죄인은 깨끗해진다. 문제는 씻겨놓으니 다시

진창으로 돌아가 버린다는 데 있다. 주님이 또다시 은혜를 주어 회개로 씻기시지만, 죄인은 어느 날 다시 죄로 돌아가는 일을 반복한다.

끝으로, 그 더러움에 무감각하다. 이미 습관으로 자리 잡은 죄는 더럽게 느껴지지 않는다. 아무리 부정적인 것이라도 습관이 되면 반복한다.

담배를 예로 들어보자. 아기 때부터 니코틴 중독자인 사람은 없다. 어떤 흡연자라도 자식에게 “너는 꼭 하루에 담배를 한 갑 이상씩 피워라”라고 권하지 않을 것이다. 담배에 중독되려면 습관이 되기까지 흡연을 직접 반복해야 한다. 저절로 담배에 손이 갈 때까지 꾸준히 지속해야 한다.

흡연 습관도 쉬운 일은 아니다. 담배는 발암물질 덩어리인데다가 처음에는 몸이 그 연기를 거부하기까지 한다. 이런 부정적인 경험을 반복하려면 담배의 부정적 인식을 능가하는 보상이 필요하다.

눈이 맵고 목구멍이 따갑더라도 김 일병에게 칭찬을 받을 수 있다든지, 어떤 조직의 내부자가 될 수 있다든지, 스트레스 해소나 일탈의 통쾌함을 맛볼 수 있다든지 하는 맥락이 있어야 한다. 반복은 습관을 만든다. 습관이 형성되면 담배가 발암물질이라는 사실에 혐오 역치가 떨어진다. 개 같다.

★ 욕설의 이면

한번은 친구가 과로로 쓰러져 병문안을 갔다. 그와 그리 가깝지 않은 친구는 그를 위로했다. 하지만 가까운 친구들은 욕했다.

"별것도 아닌데 바쁜 사람 오라 가라야. 네 장례식 때나 불러라, 이 XXX야!"

깊은 우정이 느껴졌다. 친구들끼리의 욕설에는 이중적인 의미가 있다. '우리끼리'의 욕은 진짜 욕이 아니다. 내 친구들의 별명도 대부분 욕 같다. '말쭉이, 브라다, 빵득이, 빡찐따, 괴수' 등이다. 그런데 그 안에 애정이 담겼다. 서로 욕할 때면 즐겁기까지 하다. 마치 방언 같다. '문디자슥'은 분명 욕설이다. 그러나 사랑이 담겼다.

할머니는 독끄를 아끼는 마음이 있기에 그렇게 욕하며 걷어차기까지 한 것이다. 남의 집 개들이 같은 짓을 해도 우리 할머니에게 욕을 먹거나 맞지 않았던 걸 보면 더 확실하다.

죄인을 향한 잠언의 욕설에도 따뜻함이 묻어있다. 개 같으니 나가 죽으라는 소리가 아니다. "개 같은 진실을 알려줄 테니 이제 사람답게 바꾸라"라는 뜻으로 날리는 성경의 '문디자슥'이다.

잠언은 지혜가 무엇인지 설명한다. 미련함은 지혜의 모습을 반증한다. '지혜'란 죄를 반복하지 않는 지식이다. 또한 죄

짓는 습관에서 빠져나오는 힘이다. 더러움을 인식하는 지각 능력이며, 혹 오염되었더라도 속히 빠져나오는 행위의 뜨거운 동기動機이다.

잠언이 죄인을 가리켜 개 같다고 욕하는 데는 목적이 있다. 죄인으로 하여금 지혜를 얻게 하고, 죄를 반복하는 습관 고리에서 벗어나게 하기 위함이다. 눈에는 눈, 이에는 이다. 습관은 습관으로 물리쳐야 한다. 어둠을 빛으로 물리치듯, 미련함을 지혜로 이기듯 나쁜 습관은 좋은 습관으로 이길 수 있다. '개 같은 습관'은 '거룩한 습관'으로 디톡스 될 수 있다.

★ 개 습관 디톡스 3단계

죄의 더러움에 무지할 수는 있어도, 어떤 일이 죄인지 아예 모르고 짓는 경우는 드물다. '죄 – 회개 – 죄 – 회개'의 무한 고리에 빠진 사람들은 주로 자신이 잘 아는 죄를 짓고 또 짓고, 회개한 죄를 또 회개한다. 여기서 벗어나려면 3단계를 거쳐야 한다.

1) 올바른 지식 습관 기르기

개는 개다. 개의 본성이 개를 개 되게 한다. 짐승이 짐승의 본성과 습관을 벗어날 수는 없지만, 성경은 당신이 개와 다르다고 이야기한다.

하나님의 용서와 구원은 죄인인 당신의 헌신 따위를 받아야 이루어지는 게 아니다. 회개의 능력은 온전히 예수님에게서 나왔다. 하나님은 사랑이시나 엄밀히 말하면 당신을 사랑하시는 게 아니다(골 1:21). 그분은 죄 없는 의인 예수님을 사랑하신다(롬 5:10).

하나님은 예수님을 이 땅에 보내셔서 죄인들의 죄를 대신 속죄하게 하셨다. 죄 없는 분이 인류의 죄를 짊어지고 참혹한 십자가 형틀에서 죽으셨다. 죗값을 다 치르셨다. 예수님을 자신의 구원자로 받아들인 죄인은 그분을 통해 하나님의 사랑과 용서, 그리고 구원을 받는다.

그것을 어떻게 아느냐고? 성경에 나오기 때문이다! 예수님의 십자가 죽으심과 부활을 통해 우리는 전혀 다른 존재가 되었다(고전 6:19). 성도가 되었다(골 1:21-29). 새 사람이 되었다(고후 5:17). 죄의 본성을 벗을 능력과 자유가 주어졌다(롬 6:6). 하나님의 자녀가 되었다(요 1:12). 예수님을 믿는 사람들에게는 죄의 습관에서 벗어날 능력도 주어졌다(롬 6:13).

성경 66권이 모두 예수 그리스도의 이야기이다. 그분이 성경의 주인공이며 주제이며 시작과 끝이고 핵심이다.

문제는 이 지식이 죄인의 마음에서 너무 쉽게 사라지거나 왜곡된다는 점이다. 성경 말씀은 죄인의 본성에 어울리지 않는 거룩한 지식이기 때문이다.

앞서 잠언에서 개가 더러운 짓을 반복하는 첫 번째 이유가 '무지' 때문임을 기억하는가. 무지도 습관이다. 모르는 상태에서 아무 조치도 취하지 않는 반복이 무지한 상태를 만들었다. 이를 해결할 방법인 디톡스는 반대 습관 형성이다.

성경을 아는 지식 즉, 예수 그리스도를 아는 진리 지식을 성경으로 반복해서 익혀야 한다. 그 방법은 여러 가지가 있다. 성경통독, 신학 서적이나 신앙 서적 읽기, QT, 설교 노트 작성 등이다.

그중에서도 기본은 '성경 읽기'이다. 성경을 읽지 않고 성경을 이야기하는 사람들의 말만 들어서는 진리를 습득할 수 없다. 직접 자신의 뇌를 사용해서 성경을 읽어야 한다. 그리고 반복해야 한다.

고작 1,700쪽 정도 되는 책 한 권도 읽지 않고 세속에서 거룩한 불을 유지할 수 있다고 생각한다면, 그것이 바로 무지함이고 게으름이다(누군가 당신에게 성경을 직접 읽지 않고도 알 수 있다고 주장한다면 그는 사기꾼이니 멀리하라).

2) 회개의 반복

반복이 습관을 만든다. 앞서 연습했던 '멈춤 – 반성 – 액션'을 반복하라. 그래야 죄의 습관을 대체할 회개 습관이 형성된다. 잠언의 '개 비유'로 말하자면 죄 습관 디톡스는 '길들이기' 과정과 같다. 죄에 익숙한 인생이 회개에 익숙한 인생으로 변화되려면 새로운 습관을 만들어 넣어야 한다.

길들임 과정의 핵심은 반복이다. 거룩 역시 반복으로 이뤄진다. 성경을 보면 말씀도 회개도 기도도 반복임을 알 수 있다. 하나님의 말씀과 예수님의 몸은 우리가 매일 먹고 마셔야 할 양식이다(마 4:4; 요 6:50-58).

성경은 한 번의 회개를 이야기한 적이 없다(마 3:2, 4:17). 예수님과 사도들은 항상 기도에 힘쓰라고 말씀하셨다(눅 18:1, 21:36; 엡 6:18; 빌 1:4).

한편, 반복에는 항상성이 중요하다. 같은 상황, 같은 맥락, 같은 당근과 채찍을 지속해야 한다. 일반적으로 사람들은 이것을 '루틴routine'이라고 부른다(이후 훈련 과정에서 알아야 할 용어이므로 잘 기억하라).

루틴: 규칙적으로 하는 일의 통상적인 순서와 방법

루틴에는 힘이 있다. 반복하면 강해지는 건 시간문제이다. 작은 물방울들이 바위를 뚫고, 한 줌의 흙이 태산을 이룬다. 과거의 매일이 쌓여 오늘이 된 것처럼 오늘의 정진만큼 내일이 주어진다.

하루아침에 이루는 성취란 없다. 작은 것으로 큰일을 이루는 힘은 루틴에 있다. 그러니 루틴을 준비하라. 회개를 위한 '멈춤 – 반성 – 액션'을 같은 장소와 시간에 박아 넣어 습관이 되기까지 반복하라.

내가 내 몸을 쳐 복종하게 함은
내가 남에게 전파한 후에
자신이 도리어 버림을 당할까 두려워함이로다 고전 9:27

3) 거룩한 감각의 회복

반복을 통해 우리는 회개의 감각을 얻는다. 일시적인 회개로는 거룩한 불을 피울 수 없다. 거룩은 진정한 회개로 얻는다.

다윗을 보라. 그는 밧세바를 간음해서 혼외 임신하게 했고, 이 일을 그녀의 남편이 모르게 하려다 잘되지 않자 그를 살해한 죄인 중의 죄인이었다. 그럼에도 그는 '하나님의 마음에 맞는 자'였다(행 13:22). 그가 거룩해서가 아니었다. 회개했기 때문이다.

진정한 회개는 두 단계를 거친다. 첫 단계는 마음에 금만 살짝 가는 상태이고, 다음은 금간 상태를 스스로 박살 내버리는 단계이다.

다윗과 가룟 유다의 회개를 대조해보라. 다윗이 선지자를 통해 하나님의 말씀을 들었을 때 그의 마음에 금이 갔다. 예수님을 배반했던 가룟 유다 역시 그러했다. 그는 예수님을 은 30에 팔아넘긴 직후 양심의 거리낌으로 고통스러워했다. 여기까지는 다윗이나 유다나 같았다.

그러나 그다음이 달랐다. 다윗은 금간 마음을 깨버렸다. 다시는 간음도 살인도 저지르지 않았다. 하나님 앞에 엎드려 울며 용서를 구하고 돌이켰다.

반면에 유다는 금간 마음을 들고 나가 더 심각한 죄를 저질렀다. 자살해버렸다(마 27:5). 다윗과 달리 하나님 앞에서 끝까지 회개할 생각이 없었다.

진정한 회개의 출발점은 하나님 말씀에 부딪쳐 금간 마음을 박살 내는 데 있다. 그때에야 비로소 회개의 감각을 익힐 수 있다.

★ 거룩한 습관으로 거룩한 불을 지펴라

마음에 금만 간 상태는 일종의 후회 경험에 지나지 않는다. 진정한 회개로 한 걸음 더 나가려면 반복이 필요하다.

다윗의 회개를 담은 시편 중에 특히 6편, 32편, 38편, 51편을 보라. 다윗은 익숙한 죄로 돌아가지 않기 위해 회개를 반복했다. 나쁜 것도 반복해야 익숙해지는데, 선한 것이야 오죽하겠는가!

마태복음 4장을 보라. 공생애 출발점에 선 예수님의 첫 명령은 "회개하라"(마 4:17)였고, 그로부터 약 3년 후 성령의 임재를 경험한 제자들의 첫 선언 역시 '회개'였다.

베드로가 이르되 너희가 회개하여
각각 예수 그리스도의 이름으로
세례를 받고 죄 사함을 받으라
그리하면 성령의 선물을 받으리니 행 2:38

회개는 크리스천 존재의 출발점이자 핵심이며 크리스천을 크리스천 되게 한다. 회개 없는 크리스천은 잠언의 '개' 같다. 그런 존재는 가짜라서 능력이 없고, 어느 곳에서도 이기기는 커녕 살아남을 수도 없다.

TEST 회개를 통해 성령의 불을 지펴라

#2강 #근원 #노력 #습관 #회개 #멈춤

1. 회개의 3단계를 적어보라.

   1)

   2)

   3)

2. 마치 개가 토한 것을 다시 삼키는 것처럼 지은 죄를 또 짓는 세 가지 이유는 무엇인가?

   1) 죄에 대한 무지

   2) 죄의 (   )

   3) 죄의 (   )

3. 개 습관 디톡스 3단계는 무엇인가?

   1)

   2)

   3)

실 천 과 제

액션 없는 후회는 회개가 아니다. 매일의 일과 중 언제, 어디서, 어떻게 '멈춤'의 시간을 가지며 회개할지를 구체적으로 계획하고 실행하라.

'멈춤'을 위해 당신의 15분을 따로 할애하라. 매일 같은 시간과 장소에서 동일한 시간 동안 멈춰라. 하나님과 단둘이 시간을 보내라. 그리고 훈련 정도에 따라 점차 시간을 늘려보라.

첫 실행은 성공보다는 실패하기 쉽다. 자연스러운 과정이니 놀라지 말라. 모든 일에는 시간이 필요하다. 실패해봐야 더 좋은 전략을 세울 수 있다.

지형 식별

보고 따르고 재출발하라

작전 수행 중 한 요원이 거친 환경 때문에 팀에서 낙오했다. 오지에 갇혔던 그는 간신히 팀 리더와 무전으로 연결되었다. 리더는 그에게 A지점에서 만나자고 했다.

낙오자는 목표 지점을 찾아갈 수 있는 체력은 물론 식량과 무기도 있었다. 그러나 그는 조금도 움직일 수가 없었다. 자신이 어디에 있는지 지도상에서 찾을 수 없었기 때문이다. 즉, 길을 잃어 현재 위치 파악이 안 되었다.

그에게 당장 필요한 건 현 위치 즉, 출발지이다. 이를 모른다면 목적지에 갈 수 없다. 이때는 생존 기술은 물론 구조팀조차 소용없다. 길을 헤매다 죽을 일만 남았다.

다행히도 크리스천에게는 내장된 '출발지 나침반'이 있다.

그 나침반 바늘은 그리스도를 가리킨다. 지난 훈련을 떠올려 보라. 당신 안에 내재된 성령의 불이 끊임없는 회개를 통해 당신을 신앙의 최초 출발지로 돌이킨다. 심지어 새로운 출발지로 리셋해주기까지 한다(고후 5:17).

세 번째 훈련은 당신의 현재 영적 상태를 파악하고, 그 자리에서 예수님을 바라보며 '새롭게 출발하기'이다.

훈련 내용과 목표

위치 파악을 위해 당신이 해야 할 훈련은 세 가지이다.

나침반을 보라.

나침반을 따라가라.

출발지에서 재출발하라.

나침반을 보라

눈은 뇌와, 뇌는 마음과 연결되었다. 마음이 지각perception을 결정한다. 한마디로 사람은 보고 싶은 걸 본다.

출애굽 여정 중에 일어난 놋뱀 사건(민 21:5-9)을 기억하는가? 불뱀에 물려 죽어가던 백성들이 봐야 할 것은 놋뱀이었다(민 21:8,9). 쳐다보기만 하면 살 수 있는 하나님의 도구가 눈앞에 있었다. 그러나 그 놋뱀을 '하나님의 구원 도구'로 바라보려는 의지는 각자의 주관적인 결정에 달려있었다. 구원받는 길이 어렵거나 불가능하지 않았다. 단지 말씀대로 놋뱀을 바라보고자 하는 마음 상태 즉, 믿음이 구원을 가능케 했다.

잠언을 읽어보면 진리는 어렵지 않고 지혜는 찾기 쉬운 곳에 있음을 알 수 있다(잠 1:20,21, 8:1-4). 당신이 처한 문제 가운데서도 마찬가지이다. 정답은 쉽고 구원은 눈앞에 있다. 다만 마음이 문제이다. 믿음이 없으면 일을 복잡하게 만든다.

창세기를 보라. "선악과를 따 먹으면 반드시 죽는다"는 어렵지 않은 요구였다(창 2:17). "하고많은 나무 열매들 중 딱 하나만 먹고 살아라" 따위가 어려운 요구이다.

출애굽기, 레위기, 민수기, 신명기를 보라. '낮에는 구름기둥, 밤에는 불기둥'을 따라가기는 복잡하지 않다(출 13:22). '이집트 노예로서 100세까지 장수하며 부요하게 사는 40가지 원리' 따위가 복잡하다.

역사서를 보라. '하나님만을 하나님으로 섬기기'는 쉽다(삼하 7:23-29). 하지만 '출애굽한 석기 문명의 이스라엘 백성들이 수많은 이방 신을 믿는 철기 문명권의 가나안 민족을 하나님 없이 싸워 이기며 살기' 같은 것은 불가능하다.

시가서와 선지서를 보라. 신구약 66권 각 장을 펼쳐보라. 성경이 제시하는 진리는 한번도 복잡한 해석을 필요로 하지 않았다. 오히려 진리를 있는 그대로 볼 수 없는 우리의 오염된 눈이 문제였다.

진리는 죄인을 불편하게 만든다. 우리는 죄인이고 구원에 무능하며 하나님과 원수 된 상태였다. 예수님만이 의인이고 구원자이며 하나님의 독생자 되신다. 주님을 통해서만 우리는 하나님께 이를 수 있고, 그분을 알 수 있고, 동행할 수 있다. 이 단순한 진리가 죄인들을 불편하게 한다.

예수님은 늘 진리를 말씀하셨다. 그분 앞에 서면 비진리는 숨을 수 없었다(요 1:9-11, 8:40-46). 그 때문에 미움받아 죽임 당하셨다(요 8:37). 진리는 멀리 있지 않다. 예수님이 진리이고(요 14:6), 답이시다. 그분을 바라보면 살고 그렇지 않으면 죽는다. 광야에서 누군가는 이렇게 생각했을지도 모른다.

'불뱀에 물렸으면 빨리 애굽으로 돌아가서 치료해야지, 고작 놋뱀을 쳐다보면 산다니! 난 믿을 수 없어.'

만약 그런 생각으로 돌아갔다면 그는 적어도 신자로서 생존할 수는 없었을 것이다. 불뱀 사건은 오늘날 우리 삶의 현장에서도 크게 다르지 않다. 언제 어디서든 예수님을 바라보는 크리스천이 살아남는다. 어떤 상황에서든 그분이 내 구원자라는 믿음이 있는 사람이 생존한다.

나침반을 따라가라

책으로 바이올린을 익힐 수 없다. 이처럼 지식은 실행을 통해 몸에 밴다. 믿음도 그렇다. 나침반을 바라보는 믿음은 행동할 때 성장한다. 즉, 믿음 근육을 튼실하게 키우는 방법은 액션이다(약 2:26).

로마서에 따르면 믿음의 출처는 예수님의 말씀이다(롬 10:17). 예수님은 제자들을 부를 때 이렇게 말씀하셨다. "나를 따라오라"(마 4:19). 이 말씀대로 행동해서 따라나섰던 제자들은 세속에서 능력이 있었다. 죽음 앞에서조차 떨지 않는 믿음을 얻었다(행 12:7).

크리스천은 그리스도의 사람들이다. 이 정체성은 예수님을 따라다닐 때 지속된다. 빛과 어둠은 때로 모호하다. 어둠이 잠식하는 저녁과 어슴푸레 빛이 찾아드는 새벽녘에는 빛과 어둠이 공존한다. 그럴 때는 빛을 바라본 후 그 빛을 향해 행동하라.

성경 말씀을 붙들고 예수님이 움직이시면 따라서 이동하고, 멈추시면 즉시 멈춰서라. 성경 말씀으로도 선택이 모호한 상황이거든 기도의 자리로 후퇴해서 성령님의 의견을 물어라.

액션을 위한 연습을 해보자. 먼저 깨끗한 성경책과 펜을 준비하라. 그리고 마태복음 4장 17절부터 5장까지의 예수님 말씀들 중 '명령형'으로 기록된 부분에 밑줄을 긋고, 아래에 옮겨 적어라. 각각의 명령에 어떻게 구체적으로 순종할 것인지 생각나는 대로 액션 플랜을 3개씩 적어보라.

1. 회개하라(마 4:17)

(예시)

-회개는 멈춤이라고 했으니 매일 아침 6시에 15분간 멈춰 기도하겠다.

-예수님보다 더 섬기는 OOO 중독을 끊기 위해 OOO을 하겠다.

- ____

2. 나를 따라오라(4:19)

- ____

- ____

- ____

3. 기뻐하고 즐거워하라(5:12)

- ____

- ____

- ____

4. ____________________ (5:13-16)

- ____
- ____
- ____

5. ____________________ (5:24)

- ____
- ____
- ____

6. ____________________ (5:27-30)

- ____
- ____
- ____

7. ____________________ (5:33-37)

- ____
- ____
- ____

출발지에서 재출발하라

나침반을 따라가면 결국 출발지에 도착한다. 그러면 이제 재출발 즉, 새로 출발해야 한다. 이 부분을 훈련하기 위한 선행지식이 있는데, 바로 '자기 십자가'를 지는 일이다.

> 누구든지 자기 십자가를 지고 나를 따르지 않는 자도
> 능히 내 제자가 되지 못하리라 눅 14:27

예수님을 따라가는 구체적 행위인 '자기 십자가'를 지는 방법에는 세 종류가 있다.

★죄의 결과에 따른 자기 십자가

예를 들어, 매일 술을 마셔서 위궤양이 생긴 알코올 중독자가 회심했다고 가정해보자. 그는 예수님을 믿고 회개하며 술을 완전히 끊었다. 하지만 중독의 결과로 생긴 질병은 여전한 상태이다. 이런 질병을 회심하기 전에 지은 죄의 결과이며 자기 십자가로 볼 수 있다.

만약 "에이! 이렇게 배가 계속 아픈데 내가 왜 예수님을 믿어야 해?"라고 주장하며 신앙을 저버린다면 그는 자기 십자가를 버린 것이다. 반면에 "주님, 저를 구원해주셔서 감사합니다. 이 질병도 낫게 하소서!"라며 아픈 배를 끌어안고 기

도한다면 자기 십자가를 지는 것이다.

★ 죄 유혹의 자기 십자가

또 다른 예를 들어보자. 학창시절부터 거의 매일 포르노를 보며 자란 청년이 있다. 그는 성에 왜곡된 관점을 가진 채 살다 회심했다. 그래서 회개하고 돌이켜 포르노를 끊고 예수님을 따르기 시작했다. 그는 중독에서는 자유로워졌지만 날마다 성적 유혹에 시달렸다.

죄의 기억이 유혹을 증폭시켰다. 포르노에 한 번도 노출된 적이 없는 다른 크리스천보다 더 큰 유혹이 자주 엄습했다. 이런 '죄의 유혹' 역시 자기 십자가이다. 지속적인 회개로 유혹을 거절하는 고통을 감수해야 비로소 자기 십자가를 지는 행위가 된다.

★ 의로 인한 고난의 자기 십자가

세 번째 종류의 자기 십자가는 예수님을 따르면서 주님이 받으실 법한 박해를 받는 일이다.

예를 들면, 가정에서 혼자 예수님을 믿는 경우 당장 제사, 예배와 수련회 참석, 자녀교육, 경제관, 시간관 등 모든 영역에서 가족과 마찰이 생긴다(마 10:34-37).

회사에서 부서 회식 후 부장님의 룸살롱 동반 요구에 "저는 아내가 있습니다!"라고 외치고 빠진다면 승진이 불안해질 수도 있다. 모두가 일하는 시간에 예배드리기 위해서는 남보다 더 일찍 출근해서 열심히 일해야 한다. 예수님에 반대하는 세상 한가운데서 주님을 따르기 위해 당하는 모든 어려움은 자기 십자가이다.

이제 '자기 십자가'가 무엇인지 알았으니 연습해보자. 당신의 자기 십자가는 무엇인지 아래 빈칸에 적어보라. 그리고 어느 항목이 더 많은 비중을 차지하는지 살펴보라. 그 내용들이 바로 당신의 '재출발지'이다(3번 내용이 가장 적다면 회개하라).

1) 죄의 결과에 따른 자기 십자가

____

____

____

2) 죄 유혹의 자기 십자가

____

____

____

3) 의로 인한 고난의 자기 십자가

___

___

___

매일 재출발을 반복하라

세 번째 훈련을 마치며 떠오른 영화 한 편이 있다. 톰 크루즈가 주인공인 SF영화 〈엣지 오브 투모로우〉인데, 죽음과 부활이 반복되는 줄거리였다. 찌질한 장교 주인공이 전장에서 죽었는데 신비한 힘으로 생명이 리셋되었다. 더구나 이것이 반복될수록 그는 전장에서 더욱 고수가 되어갔다.

영화에서처럼 크리스천 생존의 비결도 잘 죽는 데 있다. 예수님과 함께 잘 죽어야 주님과 함께 부활할 수 있다. 날마다 죽는 사람들이 바로 크리스천이다.

우리는 죽음을 피하지 않고 오히려 자기 십자가를 지고 골고다로 직행한다. 그리고 매번 죽음의 현장에서 부활 생명으로 리셋되어 재출발한다. 죽음을 두려워하면 부활의 영광은 없음을 기억하라.

TEST 항상 예수님을 바라보며 재출발하라

#3강 #나침반 #예수그리스도 #보라 #따라가라 #재출발하라

1. 다음 빈칸을 채우라.

   낙오된 요원에게 '현 위치'란 곧 (   )를 의미한다.

2. 훈련 내용 세 가지를 적어보라.

   1) 나침반을 (   )

   2) 나침반을 (   )

   3) 출발지에서 (   )

3. '나침반을 본다'라는 건 예수님을 바라본다는 의미이다. 언제나 예수님을 따르려면 가장 필요한 건 ____________이다.

4. 믿음으로 예수님을 바라보는 단계를 거쳤다면 그다음에는 ____________이 있어야 믿음이 강해진다.

5. 자기 십자가의 세 종류는 각각 무엇인가?

   1)

   2)

   3)

실 천 과 제

'항상 예수님만 바라보기'는 연습으로 가능하다. 앞서 살펴본 출애굽 백성들의 생존을 위협하는 문제는 음식과 물이 부족한 상황이었다. 당신에게는 어떤 위협이 있는가?

아래 빈칸에 당신의 생존을 위협하는 문제를 생각나는 대로 기록하라. 그리고 휴대 전화로 찍어 당신의 SNS에 올려라. 해시태그 '#크리스천생존수업'과 함께!

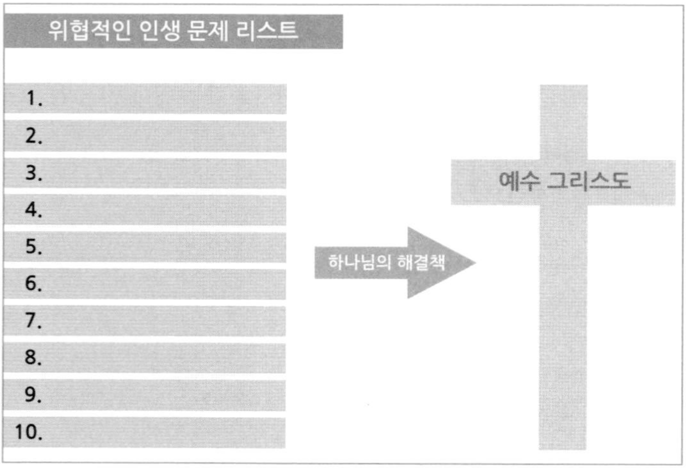

위협적인 인생 문제 리스트

1.
2.
3.
4.
5.
6.
7.
8.
9.
10.

하나님의 해결책 → 예수 그리스도

#회개란

회개란 뉘우침이나 반성이 아니다.
돌이켜서 방향을 바꿔버리는 것이다.
내 삶의 방향을 완전히 바꾸어서
예수 그리스도를 따르는 것이다.
회개 없이 예수님의 팔로워가 될 수 없다.

회개란 오늘 내 삶에 예수님을 초청하는 게 아니라
예수님의 삶을 추종하고 따르는 것이다.

회개란 내 삶에 예수님이 간섭하시는 게 아니라
예수님의 삶 안으로 적극적으로 들어가서
삶의 방향성을 모조리 바꿔버리는 것이다.

회개하지 않는다면,
주님을 아는 것이 다 무슨 소용인가?
귀신들도 하나님을 안다(약 2:19).

따르고 있는가? 돌이키고 있는가? 방향을 바꾸고 있는가?

자아 정체성

바위도 부수는 계란이 되라

내공이 있어야 권법이든 검술이든 잘 휘두를 수 있다. 생존법의 내공은 정체성이다. 자신이 누구인지 전인격적으로 알아야 생존법을 의미 있게 만든다.

기술 습득은 상대적으로 쉽다. 정작 어려운 건 정체성 확립이다. 정신이 육체와 환경을 지배한다. 적지에 고립된 상태에서 외로움과 굶주림에 떨다 보면 싸움에 수동적으로 변한다. 마음이 약해진다. 그러면 생존 동기도 약해지고 몸까지 둔해진다. 이 때문에 군대에서는 매일 복무 신조 복창을 시킨다. 자신이 어느 부대 소속인지 지겹도록 상기시켜 준다.

네 번째 훈련은 '소속감 확실히 하기'이다.

훈련 내용과 목표

당신의 소속을 분명히 알 필요가 있다.

이를 위해 다음을 숙지하라.

사령관의 전략으로 싸워라.

사령관의 전략은 군사의 숙명이다.

전략의 핵심은 지혜와 순결의 공존이다.

사령관의 전략으로 싸워라

스타크래프트라고 들어봤는가? 나는 테란족이었다. 배틀넷 1,000위까지 진입할 정도로 그 게임에 열중했다. 일단 게임이 시작되면 3개 종족 중 하나를 골라야 한다.

그곳에서 테란족, 저그족, 프로토스족은 전쟁 중이었다. 엇비슷한 전력을 가진 세력으로 자원과 보급품은 물론 군사력도 동등했다. 게임은 매 전투마다 동일한 조건으로 처음부터 재시작해야 했고, 승리의 관건은 전략이었다.

팽팽한 접전은 컴퓨터를 켜고 배틀넷에 들어가는 순간부터 예상되었고, 키보드와 마우스를 쥔 게이머는 즉시 사령관으로서 지령을 내리기 시작했다. 어떤 전략은 종족을 승리로 이끌었고, 다른 전략은 실패하기도 했다. 나는 매 전투마다 몰입했고 승패의 갈림길에서 긴장했다.

게임을 반복할수록 새로운 전략을 고안해내야 했다. 온라인 건너편 적의 수장은 매번 다른 사람이었지만, 이전에 썼던 전략은 통하지 않았다. 같은 전략을 반복하면 패배했다. 반면, 새로운 전략은 늘 먹혔다. 허를 찌른다고나 할까?

공격인 것처럼 수비해야 했고, 탐색전을 위장한 전면전이어야 했다. 그래야 이길 수 있었다. 제한된 물자로 전쟁하려다 보니 그랬다. 전략이 탁월해야 했다.

우리도 지금 전쟁 중이다. 당신은 이 전쟁을 피할 수 없다. 모든 크리스천은 믿음의 선한 싸움을 하기 위해 부름을 받은 그리스도의 군사들이다(딤전 6:11,12; 딤후 2:3). 예외는 없다. '싸움꾼', 이것이 우리의 소명이다.

게임이 아니라 실제 상황이다. 물리적인 싸움이 아니라 영적 전쟁이다(엡 6:12). 보이지 않지만 보이는 모든 것에 가장 크게 영향을 끼치는 혈전이다(고후 4:18; 히 11:1-3, 12:4). 거룩과 죄의 혈투이고, 믿느냐 믿지 않느냐의 싸움이며, 순종과 불순종의 전쟁이다.

이 전장에서 우리는 예수님의 명령을 따른다. 사령관이신 예수께서 우리를 세상으로 보내셨기 때문이다. 세상의 곳곳이 격전지이다. 거기서 우리는 그리스도의 작전 명령을 수행하며 사령관의 전략을 따라 움직인다. 사령관의 명령이 군사의 소명인 것처럼 우리는 그리스도의 전략대로 살고 죽는다.

사령관의 전략은 군사의 숙명이다

★ 싸움꾼의 고난

신입사원이 술자리에서 성령에 취함을 증언한다면? 암묵적인 동의로 이루어진 탈세 현장에서 정직을 주장한다면? 간음이 일반화된 사회에서 순결을 실천하며 성경이 말하는 결혼의 중요성을 외친다면? 욕설이 입에 밴 친구들에게 하나님께 영광을 돌리는 말을 하자고 권유한다면? 만나는 사람마다 예수님이 진리이심을 전한다면? 인생의 모든 곳에서, 먹든지 마시든지 무엇을 하든지 기승전 예수로 일관한다면?

위험하다. 아찔하다. 그랬다간 진짜 죽을지도 모른다. 뻔하다. 주님께 순결한 사람들은 세속에서 도드라진다. 무명한 자 같으나 유명한 자이며, 죽은 자 같으나 살아있고, 근심하는 자 같으나 항상 기뻐하고, 가난한 자 같으나 많은 사람을 부요하게 하는 자들이다(고후 6:9,10).

그들은 밤하늘의 별같이 빛난다. 스펙이 부족해도 영향력이 크며, 가진 게 미미해도 미친 존재감으로 주목받는다. 미스터리이다. 진정한 크리스천만큼 강하게 관심을 받는 존재도 없다. 그러나 튀어나온 못이 정을 맞는다. 어둠은 빛을 싫어하고 죄는 거룩을 미워한다. 신앙이 공개된 성도는 세속에서 고난을 당한다. 매사에 거룩한 고집을 피우면, 거룩을 미워하는 사람들의 공격 대상이 된다.

어둠의 세력은 거룩의 온도에 몸서리치며 반대한다. 그들은 성도가 뜨뜻미지근해질 때까지 공격을 늦추지 않는다. 튀어나온 머리가 쑥 들어갈 때까지 세상은 성도를 치댄다.

맞으면 아프다. 맞은 데 또 맞으면 자존심이 상한다. 고통을 피하고, 자존심을 싸매고 싶다. 하지만 그 가운데서 이기는 것이 싸움꾼의 사명이다.

예수님이 우리에게 격전지로 가라고 하신다. 예외는 없다. 주님은 우리 모두를 고난의 현장으로 부르신다(골 1:24). 자신과 함께 십자가의 길, 골고다의 언덕길을 걷자고 하신다(눅 14:27). 교회는 그 고난을 함께 받자고 서로 부탁하는 임무를 맡았다(딤후 2:3).

주님을 따르는 이상 십자가를 지는 길은 필연이다. 예수님처럼 사는 길은 그분처럼 죽기를 요구한다. 죽음을 불사하고라도 고난에 맞서는 것이 성도의 숙명이다.

★ Plan B는 없다

그럼에도 많은 성도는 고난을 피하려고 신앙을 버린다(마 13:21,22). 세상에서 자꾸 맞다 보면 대부분의 성도는 세상과 타협해버린다. 한번 세상으로 들어가면 다시 그리스도인으로 튀는 게 무서워 숨어 살기 일쑤이다. 예수님을 믿기 이전으로 슬그머니 후퇴한다. 그러면서 차츰 순결이 주는 생명보다 타협이 주는 편함에 안주한다.

그런 사람은 이름뿐인 신앙을 가진 자로 전락해버린다. 소위 '교회에서만 짜고, 세상에서는 달콤한 존재'가 된다. '교회에서만 밝고, 세상에서는 어두운 사람'이 된다. 유명한 자 같으나 무명한 자, 살아있으나 죽은 자, 항상 웃지만 근심뿐인 자, 돈이 많아도 가장 가난한 자이다.

그들에게 성경은 아득하고 기도는 어렵다. 예수님은 꿈같은 이상이고, 온갖 죄의 유혹들에 넘어지는 건 당연한 현실처럼 보인다. 그러면 교회와 세상에서 이중 행동을 하게 된다. '피아彼我에 양다리 걸치기'는 그리스도인의 전략이 아니다. 그저 죄인의 미련한 편법이자 불순종이다.

승리는 다수결로 결정되지 않는다. 영적 전쟁에서는 승리자보다 패배자가 더 많다. Plan B를 찾아 타협하는 성도들이 더 많다. 소수만이 끝까지 승리한다. 대부분은 다수의 의견을 따른다. 쉬운 길이 더 붐비고, 좁은 길이 오히려 한산하다.

편한 패배의 길로 다수가 걸어 들어가는 이유는 게으름 때문이다. 마치 우물이 옆에 있어도 물 길러가기를 귀찮아하는 것과 같다. 성경에 명시된 싸움의 기술을 행동에 옮기는 데 한없이 느릿하다. 성경이 말하는 싸움 전략에 무지한 상태를 방치한다. 혹은 알더라도 행동으로 연습하는 수고를 하지 않는다.

매일 매 순간 영적 싸움에 대비해서 기도와 말씀으로 전력을 갖추지 않는다. 새벽을 깨우지 않는다. 넓은 길로 걷는 자들은 전신갑주를 정비하여 능숙하게 하기를 우선하지 않고 싸움 앞에서 늘 미적댄다.

사령관의 전략에는 손색이 없다. 복종자의 미적지근한 태도가 승리를 막는다. 게으른 소명자는 악한 자이다.

★ 군인의 순결

전도를 안 해 본 사람이 전도가 안 된다고 한다. 기도를 안 해 본 사람이 은혜가 되지 않는다고 한다. 말씀을 안 보는 사람이 하나님의 뜻을 모르겠다고 한다. 모순이자 죄성이다.

군사들은 사령관의 명령대로 행한다. 군인의 순결은 복종이다. 우리는 예수께 복종한다. 그것이 크리스천의 순결이다. 다만 군인들 중에도 명령 불복종자가 있는 것처럼 영적 군사들 중에도 항명자가 허다하다. 항명은 사령관에게뿐만 아니라, 함께 참전한 전우들에게도 예의가 아니다.

'명령과 복종'은 군대의 운영 체계이다. 어떤 군인도 사사롭게 언행하지 않는다(딤후 2:4). 예수님의 군대를 이룬 우리에게도 같은 룰이 적용된다. 사령관은 예수 그리스도이시다. 우리의 소명은 '그리스도의 명령에 복종'이다.

그분이 우리를 매일 세상으로 보내시니 우리가 간다. 어디서든 명령을 따라 일어나 일하고 먹고 일하고 또 잔다. 국가가 군인의 운명이 되듯이 그리스도가 우리의 모든 것 되신다.

전략의 핵심은 지혜와 순결의 공존이다

★ 지혜와 순결의 길

어떤 사령관도 작전 팀을 전략 없이 전투지로 내몰지 않는다. 우리의 대장 되신 예수님은 더욱 그러하시다. 승리를 보여주셨을 뿐만 아니라 방법도 알려주셨다.

> 보라 내가 너희를 보냄이
> 양을 이리 가운데로 보냄과 같도다
> 그러므로 너희는 뱀같이 지혜롭고
> 비둘기같이 순결하라 마 10:16

이 지령서는 두 부분을 다룬다.

첫 번째는 전장의 위험성을, 두 번째는 이기는 방법을 말한다. '이리'는 늑대를 뜻하는데, 그들은 양의 천적이다. 우리의 사령관 예수께서는 자신의 양 떼를 애지중지 이끌어 푸른 초장, 맑은 물가에서 키우신 후 늑대 소굴에 던져 넣으신다. 전장은 그만큼 위험하다. 늑대 소굴에 던져진 양 몇 마리가 어떻게 되겠는가? 죽음이 보장되었다.

기억하라. 살 길은 없다. 그러나 염려 마라. 우리의 사령관은 자신의 군사 떼를 무의미한 죽음으로 내몰지 않는다. 주님은 이기는 전략을 충분히 준비해두셨다.

'싸움의 기술'은 성경에 근거한다. 지혜와 순결은 그중에서도 대표적이다. 이기는 전략이다. 사령관의 명령이다. 순결해야 담대하고, 지혜로워야 승전한다.

성경에 신앙의 선배들이 이를 삶의 격전지에 어떻게 적용했는지 나온다. 순결과 지혜가 스민 교회는 그 역사가 깊다. 그들의 승전가는 세상에서 승리해야 하는 오늘날 우리에게 모범을 보여준다. 우리의 손에는 성경이 있고, 사령관의 진격 명령은 이미 떨어졌다.

"갈지어다"(눅 10:3).

TEST 뱀처럼 지혜롭고 비둘기처럼 순결하라

#4강 #소속감 #예수정체성 #영적군사 #지혜전략

예수님은 이렇게 말씀하셨다.

“자기 목숨을 얻는 자는 잃을 것이요 나를 위하여 자기 목숨을 잃는 자는 얻으리라”(마 10:39).

당신은 예수 그리스도를 사령관으로 따르는 영적 군사이다. 소속을 분명히 하여 싸움을 피하지 말고, 어디서든 ‘지혜 전략’으로 격전하라.

1. 당신의 사령관은 누구인가?

2. 정체성 훈련에 따르면 당신은 지금 어디에 있는가?

3. 영적 군사들의 숙명은 무엇인가?

4. 사령관이 우리에게 명령한 전략의 핵심은 무엇인가?

5. 이 훈련에서 우리가 기억해야 하는 세 가지 내용은 무엇인가?

실 천 과 제

뱀과 비둘기는 어울리지 않는다. 그러나 우리 사령관의 전략은 둘의 공존이다. 다른 말로는 '지혜'이다.

> 지혜란 '양극단을 아우르는 능력'이다. 비둘기와 뱀의 공존이며(마 10:16), 약한 곳에서 태어나는 강함이며(고후 12:9), 죽어야 살아나는 힘이다(고전 15:31).
>
> -송준기, 《숨기지 마라》, 171쪽

'지혜 전략'의 최고 모범은 사령관에게 있다. 예수 그리스도는 하나님이신 동시에 인간이시다. 그분은 죄인과 창조주 사이를 이으셨다. 타락한 세속 한가운데서 가장 거룩한 천국 통치를 일구셨다. 예수님은 두 극단을 잇는 지혜 전략을 직접 수행하며, 모든 싸움에서 이기셨다.

지금까지 크리스천 생존법을 정리하면, 성령의 불을 회개로 지키며(1,2강), 나침반을 들고(3강), 지혜의 원천이신 예수께 가라(4강)이다.

기도와 말씀을 반복하며 예수께 집중하라. 특히 잠언 읽기 훈련을 시작해보자. 성경 66권이 모두 힘을 합쳐 예수 그리스도를 나타낸다. 우리는 성경 전체를 숙지하며 예수님이 누구신지를 더욱 알아야 한다.

먼저 그분의 지혜 전략을 숙지하기 위해 잠언 정기 독서 연습을 제안한다. '지혜'를 가장 많이 언급하는 잠언을 하루에 한 장씩 읽기 시작하라.

잠언은 31장까지 있다. 그러므로 매일 한 장씩 날짜에 맞춰 읽으면 한 달에 꼭 맞다(예를 들어 당신이 이 책을 읽는 날이 25일이면, 잠언 25장을 읽으면 된다). 격월로는 마지막 날에 두 장을 읽으면 된다.

매일 잠언 한 장 읽기는 한 방울의 물방울이 어우러져 도랑이 되는 것과 같다. 아무리 작은 일이라도 지속하면 큰일을 이루니 적은 분량이라 소홀히 말고 지속하라. 내공이 쌓여 검법을 자유자재로 구사할 수 있을 때까지 삶의 원칙으로 박아 넣어 반복하라.

액션
실전으로 증명하라

군인은 사격이나 근접전을 책으로만 공부하지 않는다. 어떤 돌발 상황에서도 몸이 기억해야 쓸모가 있기 때문이다. 몸에 스민 지식이 아니라면 실전에서는 무용지물이다.

매사가 그렇다. 시험은 미리 준비해야 한다. 매일 달린 사람만이 육상대회에 출전할 수 있고, 항상 연습한 사람만이 음악 콩쿠르에 나갈 수 있다.

위기 상황에서 생존하기도 이와 같다. 평소에 준비되어 있어야 거친 환경에 갑자기 던져졌을 때에 살아남는다.

다섯 번째 훈련은 '믿음 지식이 몸에 배게 하기'이다.

훈련 내용과 목표 

당신이 이미 아는 성경 지식을
믿음 액션으로 반복하는 훈련을 하겠다.
특히 기도와 말씀에 동기 부여를 하고자 한다.
이 훈련은 네 가지 질문과 대답으로 구성된다.

왜 반복해야 하는가.
무엇을 반복해야 하는가.
어떻게 반복해야 하는가.
언제까지 반복해야 하는가.

왜 반복해야 하는가

가랑비에 옷 젖듯 반복하면 몸에 밴다. 사실 반복의 힘은 대단하다. 이것은 모든 분야에서 상위 경지에 이르는 수행修行법이다. 반복해서 떨어지는 작은 물방울이 돌을 뚫고, 한 줄기 바람 앞에서 날아가는 눈송이라도 모이면 지붕을 주저앉힌다. 작은 실행을 반복하면 큰일을 할 수 있다.

크리스천은 기도와 말씀을 매일 실천한다. 이것은 연중행사가 아니다. 능력의 비밀은 반복에 있다. 말씀 한 구절이라도 매일 반복하면 바위처럼 단단한 어떤 거짓 철학도 뚫어낼 수 있다. 기도 한숨이라도 매일 쌓으면 태산같이 높은 세속 권력을 주저앉힐 수 있다.

무엇을 반복해야 하는가

★기도를 반복하라

선지자 다니엘을 보라. 그는 하루 세 번씩 기도한 일로 사자 굴에 던져지기까지 했으나 그의 믿음을 증명했다(단 6:10-16). 크리스천의 존재 역시 사자 굴에서 증명된다. 이리 굴에서도 살아남는 양이 되려면 당신도 기도를 반복해야 한다(눅 10:3).

초대교회 성도들은 예수님의 말씀을 좇아 매일 모여 기도할 때 성령의 임재와 충만함을 경험했다(행 1:4-14). 사도들은 정해진 시간에 기도하는 루틴이 있었고, 그 과정에서 말씀의 능력이 나타났다(행 3:1-10). 또한 하나님이신 예수님조차 기도와 말씀 사역을 반복하셨다(눅 22:39,40). 심지어 기도에 대해 이렇게 명령하셨다.

"항상 기도하고"(눅 18:1).

★말씀을 반복하라

부활하신 예수님이 제자들과 40일을 더 지내며 하셨던 일을 보라. 그분은 말씀을 또 가르치셨다.

또 이르시되 내가 너희와 함께 있을 때에 너희에게 말한 바
곧 모세의 율법과 선지자의 글과 시편에
나를 가리켜 기록된 모든 것이
이루어져야 하리라 한 말이 이것이라 하시고
이에 그들의 마음을 열어 성경을 깨닫게 하시고
또 이르시되 이같이 그리스도가 고난을 받고
제삼일에 죽은 자 가운데서 살아날 것과
또 그의 이름으로 죄 사함을 받게 하는 회개가
예루살렘에서 시작하여 모든 족속에게
전파될 것이 기록되었으니
너희는 이 모든 일의 증인이라 눅 24:44-48

44절에 "내가 너희와 함께 있을 때에 너희에게 말한 바…" 라고 하셨다. 부활하신 예수님은 공생애 3년간 제자들에게 이미 가르치신 내용을 반복하셨다.

여기서 신약교회의 모임 내용이 나왔다. 말씀을 가르치고 또 가르치는 일이 사도들과 교회의 전통이 되었다. 사도들 역시 성경을 가르치고 또 가르쳤다(행 2:14-40, 6:3,4). 평신도들 역시 성경 전체를 언제 어디서나 가르치고 또 가르쳤다

(행 2:42, 6:3,4, 7:2-53). 크리스천을 향한 예수님의 기대는 분명하다. 언제 어디서나 예수님이 우리에게 분부하신 모든 것을 가르쳐 지키게 하는 일이다(마 28:19,20).

우리는 성경의 터 위에 선 교회다(엡 2:20). 그러니 성경에 익숙한 자들이 되어야 한다(고전 1:5-9). 다시 말하지만, 고수는 반복으로 만들어진다. 우리는 성경을 읽고 연구하고 가르치는 일을 반복해야 한다.

어떻게 반복해야 하는가

★ 최우선 가치 VS 핵심 가치

나는 1977년생이다. 20세기에 신학을 공부하고, 21세기에 사역하고 있다. 급격한 변화 가운데 있는 현재를 과거 시점으로 보고 있다.

나는 시간 관리를 통장에서 잔고를 빼먹는 관점으로 배웠다. 업무에 우선순위를 부여해서 시간으로 할당해 넣었다. 이때는 "다양한 업무 중에서 최고 가치를 두어야 하는 일은 무엇인가"가 중요했다. 순차적이고 물리적인 시간 관리 개념이었다.

그러나 21세기의 시간 관리는 보다 입체적으로 바뀌었다. 과거에도 이미 업무가 많았으나 인터넷이 발달한 오늘날은 처리 불가능한 수준의 일거리가 생겨버렸다. 모두가 모두와 이어질 수 있는 환경 때문이다.

와이파이만 연결되면 어느 나라의 누구와도 화상 대화가 가능하다. 인터넷 공간에서뿐만 아니라 물리적으로도 서로 가까워졌다. 서울과 부산이 기차로 3시간 걸리는 것도 모자라, 30분 이내에 이동 가능한 환경이 곧 열린다고 한다.

자료 검색도 자유로워졌다. 과거에는 외국에서 출간된 전문 서적을 보려면 거기에 있는 사람에게 사달라고 부탁하거나 빌려서 봤지만, 오늘날은 인터넷으로 쉽게 주문할 수 있다.

누구든지 전 세계에 동시 출간된 전자책(e-book)을 3-5초 만에 다운로드해서 볼 수 있다. 당장 책 한 권을 쓰려고 해도 검토할 문서가 인터넷상에 수십만 건이나 된다. 이런 환경이 일거리의 양을 천문학적으로 증폭시켰다.

이런 시대를 사는 사람들에게 시간 관리는 동시성의 관점으로 접근해야 한다. 예를 들어 "나의 최고 우선순위는 신앙이니까 거기에 먼저 시간을 분배할 거야" 따위가 통하지 않는다. 오히려 시간을 질적으로 다루는 관점이 필요하다. 한마디로 가장 중요한 가치를 찾은 후에 그 중심으로 다른 모든 일을 진행해야 한다.

★ 올인하라

변화된 시간 관리 개념을 잘 보여주는 성경 이야기가 있다. 사도행전 6장에 나온 내용으로, 성령 임재 직후 사도들의 물리적 시간을 막아섰던 일이다.

성령 임재와 모임으로 교회가 시작된 이후 첫 위기는 외부의 공격이나 내부의 이단 문제가 아니었다. 구제헌금이 문제가 되었다. 그러나 사도들은 이를 돈 문제가 아닌 시간 관리 개념으로 보았다.

그때에 제자가 더 많아졌는데
헬라파 유대인들이 자기의 과부들이
매일의 구제에 빠지므로 히브리파 사람을 원망하니
열두 사도가 모든 제자를 불러 이르되
우리가 하나님의 말씀을 제쳐놓고
접대를 일삼는 것이 마땅하지 아니하니
형제들아 너희 가운데서 성령과 지혜가 충만하여
칭찬받는 사람 일곱을 택하라
우리가 이 일을 그들에게 맡기고
우리는 오로지 기도하는 일과
말씀 사역에 힘쓰리라 하니 행 6:1-4

구약교회의 전통을 그대로 이어받아 히브리 과부들만 구제했더니 신약교회 시스템과 충돌이 일어났다. 구제에서 제외된 외국인 과부들의 존재 때문이었다. 당시 예루살렘교회는 급성장하는 중이었고, 수많은 성도가 사도들에게 이 문제를 해결해달라고 요구했다. 그러나 사도들은 이를 피해갔다.

이는 자신들의 일이 아니라고 했고(2절), 이 일에 더욱 적합한 사람들을 뽑아 맡겼고(3절), 끝으로 본인들이 집중해야 할 핵심 가치를 공표했다. "우리는 오로지 기도하는 일과 말씀 사역에 힘쓰리라"(4절). 그들의 시간 관리 핵심 가치는 기도와 말씀이었다.

사도행전을 계속 읽어보면, 기도와 말씀 중심의 시간 관리가 무엇인지 알 수 있다. 그들이 기도와 말씀 외에 다른 일은 전혀 하지 않은 게 아니었다. 오히려 기도로 진행되는 사역, 말씀으로 진행되는 업무를 실행했다. 바로 크리스천의 '올인all in' 개념이다.

예수 그리스도를 믿고 따르는 건 세속과 동떨어진 일이 아니다. 빛은 가장 어두운 곳으로, 소금은 가장 냄새나는 곳으로 들어가야 한다. 크리스천 생존법은 그리스도를 향한 올인에서 나온다. 이분법적 올인이 아니라 공존하는 올인이다. 물리적인 개념의 올인이 아니라 다차원적인 올인이다.

현재 진행하는 세속의 모든 일이 예수 그리스도를 중심으로 구성된 상태의 올인이다. 먹든지 마시든지 무엇을 하든지 그리스도의 영광을 위해 일하는 올인이다(고전 10:31).

예수님을 핵심 가치로 모시고, 기도와 말씀이라는 핵심 실행 과정을 중심으로 모든 일과를 진행하라. 무슨 일이든 기도로 시작하고 마무리하라. 어떤 업무든 말씀 철학을 중심으로 진행하라. 이런 '올인'의 관점으로 기도와 말씀을 반복하라.

★ 실패를 반복하라

그렇다면 핵심 가치와 올인을 어떻게 반복해야 하는가? 그 결론은 한마디로 다음과 같다. "실패를 반복하라."

대부분의 지식은 실행할 때 얻는다. 수영을 생각해보라. 책으로 수영을 배울 수는 없다. 수영은 연습으로 익히는 기술이다. 크리스천 생존법도 공론이 아니라 실행이다. 직접 해봐야 할 수 있다.

기도해봐야 기도할 수 있고, 성경을 읽어봐야 성경을 읽을 수 있다. 그러면 이런 질문이 생긴다.

"잘 안 되는데 어떻게 해요?"

맞다. 잘 안 된다. 실패하기 일쑤이다. 그러나 실패는 포기의 정당한 이유가 될 수 없다. "실패는 성공의 어머니이다"라는 말이 있다. 이것은 반쪽 진실이다. 나머지 반쪽을 붙여 말하자면, "실패가 아니라 실패의 반복이 성공의 어머니"이다. 실패를 반복하지 않고는 고수의 경지에 이를 수 없다.

실패했다면 다른 방법을 찾아서 또다시 실행하라. 다시 수영을 예로 들면, 뭍에서 익힌 수영 지식은 물에서는 무용지물이다. 실패부터 경험한다. 그러나 실패라는 덕목을 중심으로 허우적거림을 재평가해보면, '아, 나는 수영을 못하는구나'라는 사실 정도는 정확히 알게 된다.

수영을 못한다는 진정한 앎은 물속에서 숨이 깔딱거릴 때 얻을 수 있고, 거기서 새로운 실행이 탄생한다. 그러면 또 다른 실패와 실행이 진행된다. 이런 실패와 실행의 연속이 고수를 만든다.

기도와 말씀도 그렇다. 교회와 제자화도 마찬가지이다. 세속 한복판에서 크리스천으로 생존하는 법도 다르지 않다. 실행을 주저하지 말고 실패를 반복해봐야 한다. 생존법은 수영 이상으로 실행을 통해서 단련되는 기술이다. 실행 없는 기도와 말씀은 아무것도 아니다.

실패를 지속하라. 고통스럽거든 그것을 즐겨라. 고수가 되는 과정일 뿐이니 엄살은 그만 부리고 기도와 말씀의 현장으로 뛰어들어 연습을 지속하라. 그래서 실패하면 실행을 재디자인해 시도하고, 성공하면 같은 방법으로 더욱 정진하라.

너희는 말씀을 행하는 자가 되고

듣기만 하여 자신을 속이는 자가 되지 말라 약 1:22

언제까지 반복해야 하는가

크리스천 생존 연습은 기도와 말씀의 반복으로 이루어진다. 이 연습에는 끝이 없다. 죽는 날까지 반복해야 한다. "예수 그리스도의 장성한 분량"(엡 4:13)에 이르는 영화로운 날에 이르기까지 지속해야 한다. 천국에 이르는 그날을 멀리 바라보되 실행은 늘 한발 앞서서 가장 현실적으로 지속하라.

기도와 말씀은 영적 전사의 살이자 뼈이기에 소홀히 할 수 없는 매일의 일과이다. 기도와 말씀을 멈추면 약해지고, 지속하면 강해진다. 어제까지는 사기가 드높았으나 오늘 차가워졌다면, 기초로 돌아가 반복하라는 신호이다.

"나도 왕년에 하루 5시간씩 기도했지" 따위의 추억으로는 오늘을 싸울 수 없다. 당신의 몸에 기도와 말씀이 서슬 퍼렇도록 깊고 진하게 밸 정도가 되어야 싸울 수 있다. 문자적 지식만으로는 싸움꾼이 될 수 없다.

승전가 서린 천국 무공 훈장이 박스 가득 있어도, 그 자체로는 영적 전장에서 무기가 될 수 없다. 어제 휘둘렀던 검은 오늘도 새벽부터 벼려놓아야 하고, 어제 만신창이가 된 갑옷은 오늘도 동트기 전에 손질해두어야 한다.

현재 진행형으로 반복되는 기도와 말씀이 영적 전사들의 사명 훈련이다. 어디를 찔려도 피 대신 기도가 뿜어져 나오고, 언제 부딪혀도 신음 대신 말씀이 튀어나와야 한다. 지옥 세력의 최종병기가 당신 옆구리를 파고들 때 살과 피가 튀는 게 아니라 몸에 가득 밴 기도와 말씀 조각들로 쪼개져 흩어져야 당신이 살고 이긴다.

TEST 실패하더라도 기도와 말씀을 반복하라

#5강 #실전으로증명하라 #몸에밴기도와말씀 #믿음은사자굴에서증명된다 #실패를선용하라

습관이 몸에 배려면 반복이 필수다. 아무리 효과 좋은 명약이라도 완쾌될 때까지 처방대로 복용해야 효력이 나타난다. 구약과 신약도 그렇다. 기도와 간구도 그렇다. 기억이 아닌, 몸에 익힌 습관이 될 때까지 말씀을 먹고 또 먹어라. 그래야 싸움판에서 휘두를 수 있다.

습관이 싸움꾼을 강하게 한다. 세속 격전지에서는 공격과 반응, 전략적 판단과 실행이 즉각적으로 일어나야 한다. 그러니 반복을 통해 몸에 밴 기도와 말씀의 습관을 준비하여 영적 싸움판에서 어둠의 세력에게 공포가 되라.

1. 반복이 왜 중요한가?

2. 크리스천은 무엇을 반복해야 하는가?

3. 다니엘의 하루 세 번 기도가 사자 굴에서 증명되었다면, 당신의 기도 루틴은 어디에서 증명되어야 한다고 생각하는가?

4. 예수님은 부활하신 뒤 40일간 제자들에게 무엇을 가르치셨는가?

5. 최우선 가치와 핵심 가치의 차이점은 무엇인가?

6. 수영을 예로 들면서 말한 실행 지식의 특징은 무엇인가?

7. 우리는 실패를 통해 무엇을 재디자인해야 하는가?

실 천 과 제

십일조는 헌금을 드린 후 남은 90퍼센트도 하나님의 영광을 위해 사용하겠다는 의미도 담고 있다. 시간 관리도 마찬가지이다. 하루의 처음과 마지막을 기도하고 말씀 보는 시간으로 드려라. 그럼으로써 종일 기도와 말씀 중심으로 일과를 진행하겠다고 다짐하라. 이를 위해 세 가지를 기획하라.

1. 시간 관리 재정의

   시간 관리의 의미를 재정의하는 다짐의 글을 먼저 적어보라.

2. 기도와 말씀으로 시작하고 마침

   언제, 어디서, 어떻게 기도하고 말씀을 볼 것인지 일일 계획을 세워보라.

3. 기도와 말씀 중심의 업무

1) 리스트업 : 일정 중에 중요한 일들을 나열하라.

2) 기도 : 그것들을 두고 마음에 평안이 임하기까지 기도하라

3) 말씀 : 어떻게 성경적으로 결정할지 연구하고 생각하라.

4) 실행 : 실패를 무릅쓰고 기도한 대로 또한 말씀의 근거대로 반복 실행해보라.

항상 기도하고 말씀 보는 일을 가능하게 하는 업무환경을 조성하라. 그리고 기도와 말씀을 중심으로 진행할 수 있게 구성하라.

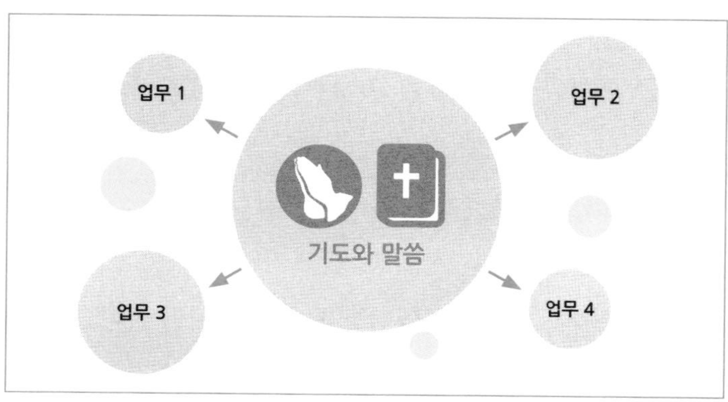

고공 침투

한 번에 한 걸음만 디뎌라

민간인과 군인 사이의 간격은 크다. 군 생활은 쉽지 않다. 하나부터 열까지 모든 걸 바꿔야 군인이 될 수 있다. 수면, 음식, 일과 등의 기본 생활 습관은 물론이고, 정신력과 체력에도 큰 변화를 줘야 한다. 그러나 군사 훈련소에서는 교육을 서두르지 않는다. 어떤 일이든 빠르면 탈이 난다. 급히 진행되는 교육은 폭력적이고, 미숙아를 만들어낼 수도 있다.

특수 훈련은 교과 진행이 더욱 느리다. 그래야 군인 존재의 밀도가 높아진다. 그중에서도 특수 부대원의 낙하산 강하 훈련은 주로 4주에 걸쳐 진행된다. 그러나 30일 과정 중 정작 비행기에서 실제로 뛰어내리는 훈련은 마지막 4일, 강하 주간에만 이뤄진다.

'딱 한 걸음을 위한 훈련'이다. 결국 3주간의 훈련을 통해 낙하병들이 실행할 일은 단순하기 그지없다. 굉음을 내며 활공하는 군 수송기에서 바깥으로 한 걸음 내딛는 일이다.

한 걸음이면 된다. 무서울 수는 있어도 어렵거나 복잡한 일은 아니다. 당신의 발 크기가 265밀리미터라면, 비행기 안에서 바깥으로 딱 그만큼만 움직이면 된다. 그러면 낙하산이 작동한다. 공중에서 떨어져도 죽지 않는다는 사실을 배우려면 그 한 걸음이 필요하다.

여섯 번째 훈련은 '믿음으로 한 걸음 내딛기'이다.

훈련 내용과 목표

한 번에 한 걸음씩 믿음 액션을 취하는 크리스천 되기는 세 가지 명령으로 요약할 수 있다.

멀리 보라.

잘게 쪼개라.

실행하라.

멀리 보라

쌍둥이 어린이 두 명이 피아노 학원에 등록했다. 형과 동생 모두 바이엘(피아노 기초교본) 1장을 연습하기 시작했다. 연습이 어려워질수록 형은 힘들어하는 반면, 동생은 즐거워했다. 그러던 어느 날 결국 형은 포기했고, 동생은 계속했다. 둘의 차이는 태도였다.

그것은 '꿈의 유무'에서 비롯되었다. 동생은 피아니스트가 되고 싶은 꿈이 있었고, 형은 없었다. 이 차이는 연습의 고통을 보는 관점을 바꾸었다.

형은 연습이 주는 코앞의 고통에 집중했고, 동생은 연습의 어려움 너머 미래의 피아니스트가 된 자신을 바라봤다. '오늘 연습하는 바이엘 1장이 내일 나를 피아니스트로 만들 것이다'라고 생각했다. 매일 조금씩 성장하는 자신의 변화가 곧 행복이었다.

남다른 동생의 태도에 적합한 이름이 있다. '믿음'이다. 꿈 덕분에 얻은 넓은 시각에 믿음이 작용했고, 믿음은 작은 행동을 지속할 수 있는 인내를 길렀다.

크리스천 생존법에서 기도와 말씀의 반복도 이와 다르지 않다. 믿음으로 멀리 보는 혜안이 필요하다. 그래야 작은 걸음을 지속할 수 있다.

멀리 인생의 끝을 바라보라. 죽음을 생각하라. 그리고 죽음이 미래의 일이 아니라 과거의 일이었음을 발견하라. 예수 그리스도를 따르기 시작했을 때, 당신의 인생은 이미 죽고 새롭게 시작했다(롬 6:1-7). 모든 생명이 죽음을 향해 달리는 중에도 크리스천은 부활 생명으로 사는 존재이다.

동시에 죽음은 현재의 일이다. 크리스천은 매 순간 자기를 부인하고 자기 십자가를 진다. 날마다 그리스도와 함께 십자가에 죄와 정욕을 못 박으며 산다(막 8:34; 고전 15:31; 갈 5:24). 죽음은 불가항력적인 미래라기보다는 의도적으로 선택하는 오늘의 일과와 같다. 그래서 크리스천은 죽음에 초연한 관점을 가진다.

끝으로, 당신에게 죽음이란 미래의 일이다. 앞서 말한 과거와 현재의 죽음이 영적인 것들이라면, 미래의 죽음은 육체적이다. 심장 박동이 멈추고 호흡이 정지하며 피가 차갑게 식는 날이 기다리고 있다.

이 죽음은 누구도 피할 수 없다. 그러나 크리스천에게 물리적 죽음이란 특별한 의미이다. 끝이 아닌 시작이기 때문이다. 그리스도와 함께 이미 죽은 인생들이 그리스도와 함께 날마다 죽으며 살다 맞이한 육체적 죽음은 몸의 부활로 이어진다(롬 6:5; 고전 15:19-26).

죽음 없는 부활은 없다. 크리스천은 '죽은' 사람들이며 동시에 '죽는' 사람들이다. 그리고 부활을 경험하는 존재들이다.

피아니스트가 되고자 하는 어린이조차 멀리 내다보며 오늘 바이엘 1장을 연습한다. 하물며 궁극적 부활과 천국 영생을 꿈꾸는 크리스천이라면?

잘게 쪼개라

★ 어린아이의 도시락 하나

오병이어 사건(마 14장, 막 6장, 눅 9장, 요 6장)을 기억하는가? 제자들이 말씀을 듣고자 모인 군중의 식사를 어떻게 하면 좋을지 예수께 질문했다(마 14:15).

"예수님, 해가 저물어요. 밥때가 지났는데, 사람들에게 밥 먹고 오라고 하시지요!"

그때 예수님이 대답하셨다.

"갈 것 없다 너희가 먹을 것을 주라"(마 14:16).

그러자 안드레가 어린아이의 도시락 하나를 들고 나섰다(요 6:8,9).

"우리가 줄 수 있는 건 보리떡 다섯 개와 물고기 두 마리뿐인 걸요! 이걸 누구 코에 붙이지요?"

그러나 어린이의 한 끼 식사 분량을 주께 드렸을 때 남자만 5천 명이 실컷 먹었다. 아니, 먹고도 남았다(요 6:11-14).

문제의 핵심인 군중 자체를 봤던 제자들에게는 해답이 없었다. 근시안적이었다. 반면에 예수님의 명령에 집중해서 어린아이의 도시락을 전해 드리는 작은 시도를 했던 안드레에게는 답이 있었다. 멀리 보는 관점은 작은 일이라도 실행해 보고자 하는 태도를 만든다.

하나님은 우리에게 대단한 믿음을 요구하지 않으신다. 겨자씨만 한 믿음만 있으면 된다(마 17:20). 주께서 그것을 크게 만드신다. 멀리 본다는 말은 주님을 보는 걸 뜻한다. 주님보다 큰 존재는 없다. 그분은 죽음보다도 크고, 문제와 인생과 우주보다 광대하신 분이다. 그런 주님을 바라보며 작은 걸음을 준비하라. 큰 믿음에 이르는 길은 큰 걸음에 있지 않다. 코앞의 한 걸음을 내딛을 믿음만 있으면 충분하다.

주께서 떠나라고 하시면 떠나면 되고, 굶으라고 하시면 굶으면 된다. 괜히 조급해져서 성경의 아브람처럼 당신만의 애굽을 찾아 내려가면 안 된다(창 12:10). 한 번에 한 걸음씩만 꾸준히, 끝까지, 꾹꾹 눌러 걸으면 살고 이긴다.

★ 작은 실행

예수님은 제자들에게 늘 믿음의 실행을 요구하셨다. 당신도 예외가 아니다. 주님의 슈퍼비전(마 28:19,20)을 실행하라고 부르신 사람이 크리스천이다.

그러나 우리는 자주 '세계 복음화'나 '우리나라 복음화' 같은 큰일은 자신의 임무가 아니라고 생각한다. 하지만 기억하라. 당신의 믿음에서 나온 작은 행동으로 어떤 거대한 비전이 성취될 수 있다. 믿음은 실행이다. 작은 실행이라도, 보잘것없는 헌신이라도 상관없다. 예수께 붙들리면 작은 일도 커지고, 대단해진다.

동양의 한 철학자는 이렇게 말했다: '千里之行始於足下 천리지행시어족하'(천릿길도 발밑에서 시작된다). 크리스천 생존법도 마찬가지이다. 모든 어려운 관계와 처한 상황에서 당장 실행 가능한 당신의 오병이어 도시락을 찾고, 그 중심으로 딱 한 걸음만 믿음의 걸음을 내디디면 된다.

크리스천은 교회에 다니는 사람들이 아니라 선교사이며 동시에 교회로 존재해야 하는 사람들이다. '선교 중심적인 교회'의 일원 따위가 아니다. 오히려 삶의 모든 장소에서 '선교적인 사람'으로 사는 존재이다.

세계 복음화를 생각해보라. 엄청난 일 같아 보이나 작은 실행들이 모여 이룰 일이다. 오늘 하루 진행되는 당신의 선교적 언행을 통해 완성될 일이다.

★ 잘게 쪼개는 법: 루틴

루틴에는 멀리 보며 작은 실행을 지속하게 하는 힘이 있다. 믿음 액션을 위한 루틴을 만들어서 실행하면 된다. 다음 두 가지는 당신의 신앙 루틴을 디자인하는 방향성이다.

"작은 일을 한다. 그리고 그 작은 일을 지속한다."

성경통독 루틴 만들기를 예로 들면, '66권 성경 약 1,700쪽 읽기'는 큰일이다. 시작하기도 힘들고 지속하기도 어렵다. 그러나 '1주일 동안 창세기 완독하기'는 작은 일이다. 혹은, '하루에 4-5쪽씩 읽기'는 더더욱 그렇다.

일이 작아야 실행이 쉽다. 작은 일을 한 달간, 일 년간 지속하면 결국 '성경 한 권 읽기'라는 목표에 도달한다. '매일 3시간 기도하기'는 기도 습관이 없는 사람에게는 거의 불가능에 가깝다. 시작 자체가 부담스럽고 지속하기도 어려운 도전이다. 반면 '하루에 15분 기도하기'는 누구나 할 수 있는 작은 걸음이다.

그래서 반복도 쉽다(이것도 어렵다면 더 쪼개라. 만약 기도 장소 확보가 어렵다면 '출근길 지하철에서 하루 15분씩 이어폰으로 찬양 들으며 기도하기'처럼 실행 가능한 상태로 더 잘게 쪼개면 된다).

기도하기가 익숙해질 때쯤 '하루 두 번 15분씩 기도하기', '하루 두 번 30분씩 기도하기', '하루 세 번 30분씩 기도하기'처럼 점진적으로 시간을 늘리다 보면 어느새 '매일 3시간 기도하기'와 같은 목표에 도전할 수 있다.

루틴의 핵심은 일을 잘게 쪼개 행동하기 쉬운 상태로 만들기이다. 쉬워야 지속할 수 있고 지속해야 커질 수 있다. 철학자 장자의 말대로다. '쉬운 것이 옳은 것'이다.

실행하라

누구나 변화와 성장을 추구한다. 특히 크리스천이라면 믿음의 성장을 원한다. 더 기도하고 싶고, 더 말씀에 익숙해지고 싶다. 그러나 늘 실천이 어렵다. 성장의 중요성을 알지만 어디서부터 어떻게 해야 할지 잘 몰라서 그렇다.

서점에 가보라. 기도와 말씀을 다룬 책이 더 잘 팔린다. 인터넷에 들어가 보라. 기도와 말씀을 독려하는 설교 링크들의 조회 수가 더 높다. 그만큼 많은 크리스천이 기도와 말씀의 필요성을 느낀다. 그러나 당신이 수많은 책을 읽고 설교를 들어도 행동하지 않는다면 성장은 물론 영적 생존에 전혀 도움이 되지 않는다.

행함이 믿음의 증거이다(약 2:18). 기도와 말씀도 그렇다. 직접 물에 들어가야 수영을 배울 수 있듯이 기도해야 기도할 수 있다. 성경을 읽어야 성경을 읽을 수 있다. 결국 구체적 액션이 있어야 하며, 루틴이 필요하다. 크리스천 생존법의 고수는 루틴으로 만들어진다.

창세기 12장에서 믿음의 여정을 출발한 아브람을 보라. 그는 아마도 갈대아 우르 지역을 빠삭히 알았을 것이다. 어디에 우물과 목초지가 있으며, 야생 짐승이 출몰하는지. 그러나 한 번도 가본 적 없는 여정에 아브람이 아는 것이 뭐가 있었겠는가? 단지, '하나님의 말씀을 좇아' 따라갈 수밖에 없기에 한 번에 한 걸음만 내딛지 않았겠는가?

크리스천 생존법도 마찬가지이다. 명령자가 하나님이시라는 큰 그림과 "내가 네게 보여줄 땅으로"(창 12:1)라는 방향이 있다면 충분하다. 가다가 기근을 만나든, 강도를 만나든 그때 그때 믿음을 다시 보이고 또 보이며 한 걸음씩만 실행하라.

TEST 루틴을 디자인하라

#6강 #믿음액션 #루틴의힘 #딱한걸음 #265밀리미터의순종 #작은믿음의힘 #오병이어

우리에게는 거대한 믿음이 필요하지 않다. 딱 한 걸음만큼의 믿음만 있으면 된다. 작은 믿음을 가지고 나와라. 매번 한 걸음을 옮겨라. 천국까지.

1. 265밀리미터는 무엇을 의미하는가?

2. 믿음 액션을 취하기 위한 세 가지 지시는 무엇인가?

3. 예화에 등장하는 쌍둥이 어린이 두 명이 피아노 연습에 임하는 태도의 차이를 보인 원인은 무엇인가?

4. '멀리 보라'가 의미하는 바는 무엇인가?

5. 쉬운 실행을 위해 일을 잘게 쪼개는 방법은 한마디로 무엇인가?

6. 루틴을 짤 때 기억해야 하는 두 가지 방향성은 무엇인가?

실 천 과 제 

1. 멀리 보라. 이것은 믿음, 인내, 연단, 그리고 소망을 거쳐 실행과 연결된다. 다음 구절을 암송하며 믿음의 혜안을 유지하라.

다만 이뿐 아니라 우리가 환난 중에도 즐거워하나니
이는 환난은 인내를, 인내는 연단을,
연단은 소망을 이루는 줄 앎이로다 롬 5:3,4

2. 잘게 쪼개라. 한 번에 큰일을 완성하려고 하지 말라. 그 대신 작은 일을 한 번에 하나씩 꾸준히 실행하라. 이를 위해 두 가지를 기록해보자.

1) 하나님께서 주신 슈퍼비전을 당신의 말로 적어보라.

2) 당장 할 수 있는 가장 작은 일들을 적어보라.

3. 실행하라. 당신이 위에 기록한 작은 일과 목록을 매일 체크하라.

번호	실행 항목	체크
1		예 □ 아니요 □
2		예 □ 아니요 □
3		예 □ 아니요 □
4		예 □ 아니요 □
5		예 □ 아니요 □
6		예 □ 아니요 □
7		예 □ 아니요 □
8		예 □ 아니요 □

#싸움에 진 개

싸움에 진 개가 꼬리를 감춘다.

사단은 진즉 졌다.

성경에 나오니 읽어라.

기도로 확신하니 꿇어라.

쫄지 말고 예수 깃발을 들어라.

무서워 말고 행동하라.

알아야 용기가 나니 말씀을 펼쳐라.

기도의 자리에서 확신해야 진군하니

골방으로 들어가라.

"담대하라 내가 세상을 이기었노라"(요 16:33).

생존
집중하라

특수 부대의 생존 훈련 기초 과정은 주로 5일로 구성되어 있다. 그 기간 동안은 거친 환경에서 지내야 한다. 보급 받은 투박하고 맛없는 음식을 먹거나 야생에서 직접 구해 먹어야 한다. 잠도 잘 수 없다.

그뿐만 아니라 특공 무술 훈련과 무장 산악구보 등의 체력 단련과 각종 작전 수행 훈련도 함께 받는다. 그러면 정신적으로 소진되고, 체력이 한계점까지 도달한다.

이 과정은 쉽지 않다. 정신적·육체적 스트레스 상황에서는 군인 정체성마저 혼미해진다. 집중력이 떨어진다. 흔히 말하듯 정신줄을 놓는다.

영적 생존력이 필요한 척박한 세상에서 당신이 꼭 갖춰야 할 것은 '집중력'이다. 자신이 누구인지, 왜 보냄 받았는지, 누가 보냈는지에 몰두하며 어떤 환경에서도 주어진 임무에 온 힘을 쏟을 수 있다면? 생존 그까짓 거!

일곱 번째 훈련은 루틴을 기획하고 실행하기 위한 심화 과정인 '집중력 키우기'이다.

훈련 내용과 목표

집중력 향상을 위해 세 가지를 알아야 한다.

변화는 고통을 통과한다.

변화에는 세 가지 고통이 수반된다.

소명이 그 고통을 이긴다.

변화는 고통을 통과한다

피트니스 센터가 돈을 버는 이유는 일 년 치 회원권을 끊어놓고 30일도 채 운동하지 못하는 사람들이 흔하기 때문이다. 지속적인 운동이 몸을 변하게 한다는 걸 알지만 대부분 작심삼일에 그치기 일쑤이다.

고통 때문이다. 반복은 변화를 주지만 변화는 고통을 수반한다. 여기서 멈출 것인지 지속할 것인지는 자신의 선택에 달렸다. 고통스러워도 지속하는 사람은 원하는 변화에 도달할 것이고, 멈추는 사람은 이르지 못할 것이다.

이 부분을 좀 더 설명하기 위해 조교 한 명을 소개하겠다. 새신자였던 준혁이는 은혜를 받고 금연을 결심했다.

"목사님, 저는 이제 예수님을 따를 겁니다. 니코틴을 섬기지 않겠어요."

그런데 쉽지 않은 모양이었다. 어느 날 준혁이가 만나자고 문자를 보냈다. 그는 담배 때문에 몹시 괴로워했다. 중학교 2학년 때 흡연을 시작해서 10년간 니코틴과 함께였던 그의 금연 시도는 1주일 만에 위기를 맞았다.

나는 준혁이에게 언제 담배 생각이 가장 많이 나는지 물었다. 그가 기다렸다는 듯이 대답했다.

"똥 쌀 때요."

준혁이는 금연을, 특히 금똥(담배 없이 똥을 싸는 것)을 힘들어했다. 담배 끊기는 그에게 큰 변화였다. 그것을 이뤄내려면 똥과 담배의 관계부터 바꿔야 했다.

"네가 담배를 끊은 이유가 뭐였지?"

"예수님이요. 이제 주님이 제 몸의 주인이니까요."

"그러면 똥 쌀 때도 담배 대신 예수님을 모시고 가면 어때?"

"네에?!"

준혁이는 예수님과 똥이 잘 어울리지 않는다고 했고, 나는 인간의 배변 기능을 만드신 분이 창조주 하나님이시라고 했다. 그러자 그는 구체적으로 예수님을 모시고 산다는 의미가 무엇인지 물었다. 나는 기도와 말씀이라고 대답했다.

그 조언을 받아들인 준혁이는 화장실에 갈 때마다 QT 책을 들고 갔다. 말씀 묵상과 화장실 사이의 새로운 연결고리를 만드는 데 꼬박 3개월이 걸렸다. 문제는 그가 조금 거룩(?)해졌다는 것이다. 이제 준혁이는 QT 책 없이는 똥을 못 싼다.

변화에는 세 가지 고통이 수반된다

첫째, 기존의 습관을 바꾸기란 참 힘들다. 인생은 습관 덩어리이다. 자기 인생에 변화를 준다는 건 평소와 다른 습관을 기른다는 말과 같다. 준혁이는 '금연'이라는 변화를 위해 화장실에 갈 때 다른 습관을 만들었다.

금연뿐만이 아니다. 살을 빼기 위해서는 야식 습관을 버려야 하고, 몸짱이 되기 위해서는 생활 습관을 바꿔야 하고, 외국어를 배우기 위해서는 다른 언어를 계속 연습해야 한다.

습관은 하루아침에 형성되지 않는다. 과거의 하루하루가 쌓여 현재 삶의 패턴이 만들어졌다. 어제가 빚은 오늘이다.

둘째, 현재 습관을 바꾸려면 긴 시간이 필요하다. 그래서 변화가 힘들다. 한낱 매미도 성충이 되려고 수년을 견딘다. 준혁이도 그랬다. 그가 변화의 어려움을 호소한 건 금연 1주일 만이었다. 반면 담배와 화장실 사이의 연결고리를 끊는 데는 3개월이 걸렸다. 이처럼 기존의 습관을 버리고 새로운 습관을 만드는 데는 1주일보다 훨씬 긴 인내의 기간이 필요하다.

인내는 수행하기 힘든 덕목이다. 요즘같이 즉흥적이고 빠른 변화를 기대하는 인스턴트 문화와 원클릭 시대에는 더 어렵다. 몇 초나 몇 분이 아닌, 수개월에서 수년의 어려움을 참으며 변화를 추구하는 사람은 흔하지 않다. 인내는 고통스럽다.

셋째, 새로운 행동을 반복하는 일이 익숙하지 않아서 힘들다. 변화에는 반드시 다른 시도가 필요하다. 준혁이도 그랬다. 그는 이전에 해본 적 없었던 행동으로 새로운 습관을 만들었다. 화장실에 갈 때마다 QT 책을 들고 간 일이다. 익숙한 담배 대신 익숙하지 않은 QT로 습관을 바꿔나갔다.

3개월이 지나자 준혁이에게 습관 디톡스가 일어났다. 습관 해독은 새로운 습관을 만들고, 그것은 새로운 행동의 반복으로 일어난다.

쉬운 일이 아니다. 새로운 행동은 새로워서 어렵다. 준혁이 역시 익숙하지 않은 일을 하느라 3개월이나 힘들어했다.

이전에 해오지 않던 방법으로 사느라 불편해했다. 어떤 습관이든 배후에는 오랜 반복이 있다. 변화에는 기존의 오래 묵은 반복을 역행하는 습관 해독 과정이 필요하다. 모든 해독 과정은 고통을 수반한다.

준혁이에게 금연은 단순히 담배 하나의 문제가 아니었다. 삶의 패턴이었다. 위에서는 다 이야기하지 못했지만, 흡연은 그의 삶 구석구석에 뿌리내리고 있었다.

화장실에 갈 때뿐 아니라 각종 스트레스 상황, 식사 전후, 쉬는 시간, 기상 직후, 취침 직전 등 삶의 거의 모든 상황에 담배를 필요로 했다.

그가 예수님을 따르기로 마음먹고 금연을 결심한 건 변화를 위해 노력한 3개월에 비하면 가장 쉬운 일이었다. '작심삼일'이라는 말이 있다. 이 사자성어의 출처는 고통 회피이다. 모든 변화에는 3일 이상은 견디기 힘든 고통이 수반된다는 뜻이다.

피트니스 센터들마다 "No Pain, No Gain"이라고 써 붙여놓은 것도 같은 의미이다. 몸을 만들려면 3일 이상은 힘들어야 한다는 뜻이다.

이처럼 새로운 습관을 만들기 위해서는 세 가지 고통을 통과해야 한다.

-과거 경험의 거절

-변화를 이루기까지의 지속

-새로운 습관을 만들기 위해 익숙하지 않은 일 견디기

생각해보라. 변화를 시도해 성공하기가 쉬운가, 아니면 의지적으로 변화를 결단하기가 쉬운가?

어느 것 하나 쉽게 바뀌지 않는다. 인생의 모든 것이 서로 연결되어 기존 삶의 패턴을 형성했기에 새로운 습관을 만드는 일은 고통스럽다. 변화를 추구한다면 고통에 대비하라.

소명이 고통을 이긴다

루틴의 핵심은 작은 일의 지속이다. 예를 들면, 하루 3시간 기도는 어렵지만, 15분 기도는 쉽다. 하루 5분씩 세 번 기도하기는 그보다도 더 쉽다. 그러나 지속하기 어렵다는 단점이 있다.

하기 쉬운 일은 안 하기도 쉽다.

-밥 모와드Bob Moawad

★ 루틴의 아이러니

큰일은 빼먹기 힘들다. 반면 작은 일은 한두 번쯤 간과해도 크게 티가 나지 않는다. 평소에 전혀 기도하지 않던 성도가 어쩌다 수련회 때 3시간 기도하는 건 어렵다. 이에 비해 하루 15분씩 매일 기도하기는 쉽다. 그러나 하기 쉬운 만큼 포기도 쉽다.

건물 지붕을 주저앉히는 눈더미가 되려면 셀 수 없이 많은 눈 입자가 모여야 한다. 눈송이 한두 개쯤 빠져도 당장은 대수롭지 않다. 그러나 그것이 모자라 결국 지붕을 무너뜨릴 수 없을 것이다.

변화는 느리게 찾아온다. 그래서 잘게 쪼갠 루틴을 한두 번 어기는 건 별일 아닌 듯하다. 루틴의 아이러니이다. 작게 나눈 일을 꾸준히 반복해야 하는데, 오히려 지속하는 데 방해요소로 작용한다.

★ 루틴의 아이러니를 깨는 집중력

크리스천 생존 훈련은 루틴의 아이러니를 깨고 지속해야만 한다. 지속성을 위해 세 가지 요소를 기억하라.

1) 부지런함

잠언에 한 농부가 등장한다. 그는 게으른 자다.

게으른 자는 가을에 밭 갈지 아니하나니
그러므로 거둘 때에는 구걸할지라도 얻지 못하리라 잠 20:4

게으름의 결과는 참담하다. 거지꼴을 못 면하는 정도가 아니라 거지도 못 된다. 게다가 게으름은 악한 것과 같다(마 25:26).

구약 시대에 겨울은 땅이 지력을 회복하는 기간이었다. 그래서 겨울이 오기 전에 땅을 엎어놔야 했다. 그래야 땅에 공기와 영양분이 충분히 공급되었다.

만약 이 일을 다음 해 봄으로 미룬다면 열매가 적을 게 뻔했다. 씨 뿌리기 전에 미리 밭을 갈아놔야 했는데, 이 타이밍을 놓치면 추수를 망칠 확률이 높았다. 밭을 갈아야 할 때는 밭을 갈아야 한다. 다른 일로 바쁘면 망한다. 부지런한 농부는 제때 제 일을 한다.

이 구절을 바탕으로 크리스천 정체성을 생각해보라. 하나님은 농부이시고(요 15:1), 우리는 주님의 열매들이다(막 4:29). 하나님은 자신의 농사에 우리를 초대하셨고, 그 일을 우리에게 위임하셨다(마 16:19). 왕명이 신하의 운명이듯이 하나님께서 맡겨주신 일은 크리스천의 소명이 되었다.

크리스천은 영적 농부이다(고전 3:6). 이 일은 부지런해야 한다. 타이밍을 놓치면 게으른 자 즉, 악한 농부가 된다.

2) 소명 의식

'게으름'의 일반적 의미는 '일하지 않음'이지만, 한가함 그 자체가 성경적 게으름을 의미하지는 않는다. 바쁨과 부지런함 사이의 관계도 마찬가지이다. 잠언이 말하는 부지런함이란 제때 제 일을 하는 것이다.

바빠야 부지런한 게 아니라 바쁠 때 바빠야 부지런한 것이다. 모내기할 때 퇴비 비비느라 바쁘면, 게으른 농부이다. 모내기할 때는 모내기로, 퇴비를 만들 때는 퇴비 만들기로, 씨 뿌릴 때는 씨 뿌리는 일로, 밭을 갈 때는 밭 가는 일로 바빠야 한다.

타이밍을 놓치지 않는 부지런함이 크리스천이 이기며 사는 길이다. 타이밍은 소명에서 나온다. 농부는 가을이 밭 갈기에 적기라는 사실을 안다. 그는 현재에 안주하지 않고 추수 때를 내다본다. 계절을 건너뛰어 이듬해의 열매까지 고려한다. 마찬가지로 크리스천은 죽음을 내다보며 그리스도의 재림 때까지를 고려해야 한다.

농부에게는 가을과 겨울이 농번기 제철이며, 새벽과 밤도 추수를 결정하는 절호의 순간이다. 부지런한 소명자 역시 제때 제 일을 한다. 소명에 매인 우선순위가 선택과 집중을 결정한다. 영적 농부인 우리도 마찬가지이다. 매 순간 소명에 따라 살아야 한다.

꾸준히 이어 떨어지는 물방울이 바위를 뚫지만, 한 번쯤 안 떨어졌다고 큰일나지 않는다. 그러나 소명자는 루틴을 빼먹을 수 없다. 농부에게 매 순간이 추수와 직결되듯이 크리스천에게도 루틴을 실행하는 순간순간이 절체절명의 기회이자 변화의 타이밍이다.

소명자에게는 거룩한 열정이 있다. 크리스천은 지속을 멈추어 변화가 종결되었다는 사실을 용납할 수 없다. 우리의 믿음은 장성한 데까지 이르러야 한다(엡 4:13). 우리에게는 그리스도의 추수 때까지 매일 성장하겠다는 거룩한 고집이 있다(마 13:30).

3) 열정

게으르고 악한 종은 주인에게 받은 달란트로 아무것도 하지 않았다(마 25:24,25). 변화를 피했다. 고통도 피했다. 그 결과 주인에게 버림받았다(마 25:26-28).

과거의 습관을 그대로 두는 건 누구나 갈 수 있는 쉬운 길을 가는 것과 같다. 기도와 말씀의 루틴을 멈추면 고통도, 변화도 없다. 오늘과 다른 내일을 꿈꾸지 않고 깊이 잠든 상태는 세상 사람이 가는 편안한 길이다. 크리스천의 길이 아니다.

우리는 거룩한 변화를 추구한다. 변화의 목표는 예수님이다. 성장이 우리의 소원이다. 그러니 변화에 수반되는 고통도 받아야 한다. 변화를 추구하며 열매를 남겨 주인에게 칭찬받고 싶다면 고통을 통과해야 한다(마 25:21; 롬 8:17).

★ 루틴이 있는 자가 곧 소명자이다

다시 준혁이를 떠올려보라. 그에게는 거룩한 욕구가 있었다. 단순히 금연의 문제가 아니었다. 예수님을 주인으로 모신 이상 어떤 중독도 자신의 몸을 지배할 수 없다는 거룩한 열정이었다. 주님 때문에 선택한 변화였고, 그 과정은 그를 고통으로 안내했다.

시험은 시험 전에 준비해야 한다. 덜컥 변화하기로 결정해 놓고 나중에 예상치 못한 고통에 직면하면 작심삼일이 된다. 변화하고 싶은 거룩한 열정이 있는가? 그렇다면 고통을 나눠 담을 루틴이라는 그릇을 준비하라.

변화가 완성되기까지의 시간을 루틴으로 쪼개라. 큰 고통을 잘게 쪼개어 지속함으로써 변화를 완성해내라.

우리가 반복하는 것이 우리 자신이다.

그렇다면 탁월함은 행동이 아닌 습관이다.

–아리스토텔레스Aristoteles

TEST 고통을 통과하라

#7강 #습관대체물 #루틴강제력 #성장은고통을통과한다 #소명이고통을이긴다

영적 훈련을 진행할 때 아픔이 수반되더라도 놀라지 말라. 고통은 변화를 위한 자연스러운 과정임을 기억하라. 가령 새벽기도를 시작하니 밤에는 물론 낮에도 졸린다면 변화 중에 있는 것이니 더욱 반복하라. 혹은 어떤 중독을 멈추기로 결정하니 유혹이 더 커지고 금단현상에 시달려 아무것도 할 수 없다면, 변화 프로세스가 제대로 작동하는 중이니 멈추지 말라.

1. 집중력 향상을 위해 알아두어야 할 세 가지 명제는 무엇인가?
   1) 변화는 __________을 통과한다.
   2) 변화에는 __________가지 고통이 수반된다.
   3) __________이 고통을 이긴다.

2. 변화에 수반되는 세 가지 고통은 무엇인가?
   1)
   2)
   3)

3. 세 가지 고통을 어떤 루틴으로 대처해야 하는가?

4. 당신에게는 어떤 나쁜 습관들이 있는가?

5. 당신이 변화를 위해 감내하는 고통은 무엇인가?

6. 루틴을 지속하게 만드는 당신의 소명은 무엇인가?

7. 루틴 실행을 지속하기 위해 어떤 식으로 강제력을 더할 수 있는가?

실천과제 

1. 과거를 거절할 루틴을 만들라

준혁이는 흡연을 거절할 루틴으로 QT 책을 준비했다. 변화 방향과 목적에 맞게 '말씀'이라는 대체물을 선택했다. 담배를 버리는 이유가 예수님이었기 때문이다. 그에게 매일 한 번의 말씀 묵상 루틴은 효과적이었다. 당신도 변화를 원하는 영역에서 과거 습관을 대체할 만한 습관을 준비하라. 당신이 새롭게 만들고자 하는 루틴은 무엇인가?

2. 변화에 드는 시간만큼의 루틴을 세워라

만약 준혁이가 QT가 아닌 특정 신앙 서적 한 권을 선택했다면, 다 읽고 나서 또 다른 방법을 찾아야 했을 것이다. 다양한 방법은 변화 효과를 감소시킨다. 루틴은 단순할수록 좋다. 복잡하면 툭툭 끊긴다.

오늘은 QT를 하고, 내일은 음악을 듣는다면 루틴이 아니다. 루틴은 변화의 시점까지 같은 일을 반복하는 걸 의미한다. 변화가 완료되기까지 지속 가능한 루틴을 세우고, 소명의 열정으로 계속하라.

일반적으로 심리학자들은 새로운 습관이 생기는 데 약 21일이, 기존의 습관을 대체하는 데에는 약 3개월이 필요하다고 본다. 당신도 주말을 제외한 21일짜리 루틴을 세 개(3개월 치) 세워보라.

3. 루틴 실행에 강제력을 배치하라

루틴을 만드는 데 또 하나 신경 써야 하는 요소는 강제력이다. 우리의 사고는 일반적으로 변화를 반기지 않는다. 새로운 일을 수행하려면 매우 큰 에너지가 들기 때문이다. 루틴은 기본적으로 자기 스스로를 신뢰하지 않는 태도를 반영한다. 특히 변화 의지가 약해질 때를 대비해서 루틴을 짜야 한다.

강제력은 루틴에 다양하게 반영될 수 있다. 준혁이의 경우 1주일 만에 금연 위기가 찾아왔다. 사실 그때까지만 해도 그에게는 루틴이 없었다. 그러나 나를 찾아와서 조언을 구함으로 강제력을 얻었다. 이후 3개월간의 QT 루틴은 준혁이 자신뿐만 아니라 나와 함께한 일이 되었다.

앞서 세운 3개월짜리 루틴 계획에 당신이 직접 부여할 수 있는 강제력이 있다면 무엇인가?

통신
기도해야 기도한다

재난 영화에 자주 등장하는 장면이 있다. 야생에 고립된 주인공이 휴대 전화를 높이 치켜든다. 통신망 연결 표시가 보이지 않는다. 눈동자가 흔들린다. 찡그린 미간, 흐르는 눈물. 그는 두리번거리다 근처 바위 위로 올라간다.

휴대 전화 화면이 클로즈업된다. 연결 표시가 간신히 한 칸 생긴다. 주인공은 '911'을 조심스럽게 누른다. 정적 가운데 들려오는 2초간의 연결음 후에 수화기 너머 들려오는 안.내.멘.트!

"당신의 위급 상황은 무엇인가요?"

주인공은 환호한다. 펄쩍 뛰며 전화기를 귀에 갖다 댄다. 반가워 소리친다. "살려주세요!" 그러나 곧 연결 표시가 사라진다. 설상가상으로 배터리도 나가고 만다.

만약 언제 어디서나 본부와 통신 연결이 확실하다면? 생존, 그까짓 거!

여덟 번째 훈련은 '기도를 통해 천국 능력에 잇닿는 기술 익히기'이다.

훈련 내용과 목표

크리스천에게는 '기도'라는
영적 통신 채널이 24시간 열려있다.
신자라면 누구나 예수 그리스도의 이름으로
무엇이든, 언제든 기도할 수 있다(요 16:24; 약 4:2; 빌 4:6).
이 훈련의 목표는 네 가지이다.

왜 기도해야 하는가에 대답할 수 있다.

언제 기도해야 하는가에 대답할 수 있다.

기도가 어려운 이유를 파악하고, 효과적으로 대처할 수 있다.

일상의 기도를 시작할 수 있다.

북이스라엘, 아합 왕 시대에 바알과 아세라를 하나님이라고 부르며 섬기는 사람들이 있었다. 그들은 우상숭배보다 더 악한 일을 했다. '섞인 신앙'으로 살았다. 바알 신앙으로 하나님을 대했다.

이를 못마땅해하던 엘리야는 기도했다. 다윗이 골리앗을 견딜 수 없었던 것처럼(삼상 17:45), 그도 섞인 신앙을 용납할 수 없었다. 그들은 바알에게 비를 내려달라고 기도했다. 이에 엘리야는 비가 내리지 않기를 '간절히 기도'했고, 자그마치 3년 6개월 동안 비가 전혀 내리지 않았다(약 5:17).

그 시간 동안 하나님은 엘리야를 숨기셨다(왕상 17:3). 처음에는 광야에 있는 그릿 시냇가로, 그다음에는 사르밧 과부네로 감추셨다. 흥미롭게도 두 군데 모두 숨어있기에 편한 곳은 아니었다.

엘리야는 까마귀가 물어다 주는 음식으로 연명했고, 과부네에서 얻어먹으며 지냈다. 자존심 상하는 장면이다. 게다가 하나님은 사역 명령을 주지 않으셨다(왕상 18:1). 침묵이나 다름없었다.

이 모든 것이 엘리야의 기도 때문이었다. 만약 그가 기도하지 않았다면 자존심이 상할 일도, 하늘의 침묵을 경험할 일도 없었을 것이다.

여기까지 엘리야를 보면 궁금증이 생긴다. 그는 숨어 지내던 3년 6개월 동안 무엇을 했을까? 과부의 집을 수리하며 지냈을까? 내공 수련으로 축지법 같은 걸 연습했을까? 고대 근동지역의 우상숭배자와 섞인 신앙인의 사례를 조사하거나 문제를 분석했을까? 무엇을 하며 그 시간을 보냈을까?

아쉽게도 성경은 이 질문에 직접 답하지 않는다. 그러나 이후 스토리를 통해 충분히 맥락을 짚어볼 수 있다. 엘리야는 850인의 섞인 신앙 선지자들과의 대결에서도, 또 그들을 이긴 후에도 홀로 기도했다(왕상 18:36,37,42).

자신이 기도로 구한 일(3년 6개월의 가뭄)이 실행되는 걸 단순히 목격만 하지 않았다. 그 일의 참여자이며 실행자로 쓰임 받았다. 기도 응답 때문에 더 기도해야 했던 시간이었다.

그가 숨어있던 장소는 하나님께 집중하는 것 외에 다른 일을 하기 어려운 환경이었다. 맥락이 이를 보여준다. 기도의 과정을 통해 엘리야는 더욱 기도하는 자가 되어 갈멜산 전투에 등장했다. 한마디로, 기도했더니 기도하게 되었다.

기도하기 위해서는 기도해야 한다

시간, 장소 불문! 능력, 수준 초월! 기도 통신은 하늘을 향해 그리스도의 이름으로 항상 열려있는 채널이다. 이를 사용하려면 먼저 기도해야 한다.

그런데 언뜻 순환 논리의 오류 같다. 결혼하려면 결혼해야 한다? 이기려면 이겨야 한다? 살 빼려면 살 빼야 한다?

다시 수영을 예로 들어보자. 수영 선수의 화려한 영법을 바라보기만 해서는 수영의 고수가 될 수 없다. 연습이 고수를 만든다. 물에 들어가서 헤엄쳐봐야 영법을 익힐 수 있다. 수영으로 수영을 배운다. 기도도 마찬가지이다. 기도는 기도 자리에서 배운다.

신학교 교실에는 기도 과목이 없다

내가 신학생이었을 때, 신학교에 기도 과목이 따로 없었다. 당연했다. 기도는 기도할 때 배울 수 있기 때문이다.

기도 전문가가 있다면, 그는 책을 쓰거나 강의하는 사람은 아닌 게 확실하다. 단지 기도하는 사람일 것이다. 기도는 액션이다. 기도하지 않던 사람이 기도하려면 기도해야 한다.

> 똑같은 일을 반복하면서 다른 결과를 기대하는 건 미친 짓이다.
> -알버트 아인슈타인Albert Einstein

변화와 성장은 다른 방법을 시도하는 용기를 필요로 한다.

당신도 기도꾼이 되어 세속에서 능력 대결의 주최자이며 승리자가 되고 싶은가? 그렇다면 과거와는 다른 기도 액션을 새롭게 취하라. 오늘 시작하라.

기도하지 못하게 하는 어떤 습관과 생활 패턴이 있는가?

습관이 습관을 극복하는 법이다.

-토마스 아 켐피스Thomas a Kempis

기도하지 않는 습관을 기도를 통해 기도하는 습관으로 대체하라.

기도 액션을 위한 세 가지 질문

다음의 세 가지 질문을 읽어보며 당신의 기도 루틴을 재점검하고 재시작하라.

★ 왜 기도해야 하는가?

"예수님 때문에!"

기도해야 하는 최대의 이유는 예수님 때문이다. 크리스천은 기도하라는 그분의 명령을 받았다(마 6:9; 눅 21:36). 주께서는 우리가 쉽게 따를 수 있게 모범을 보여주셨다.

주님은 부르짖어 기도하셨다(히 5:7). 새벽에도 밤에도 기도하셨다(막 1:35, 14:17-42). 습관에 따라 기도하셨다(눅 22:39). 바쁠수록 더 기도하셨고(눅 5:15,16), 제자들을 위해서는 금식과 철야로 기도하셨으며(마 4:1-22; 막 14:32-42), 기도할 수 없는 상황에서는 환경을 억지로 바꾸어서라도 기도하셨다(막 6:45,46).

예수님은 항상 기도하셨다. 크리스천은 주님을 따라가는 자들이다. 그분의 명령과 모범을 따라 기도해야 한다.

★ 언제 기도해야 하는가?

"항상!"

우리는 기도를 영혼의 호흡에 비유하곤 한다. "항상 기도하라"는 성경의 명령 때문이다(롬 12:12; 살전 5:17; 엡 6:18). 성경을 따르면 기도는 이벤트가 아니다. 항상 하는 일이다.

호흡은 생명의 특징이다. 살아있는 한 계속 숨을 들이쉬고 내쉰다. 기도도 같다. 기도를 지속하지 않는 크리스천의 영은 죽은 것이나 다름없다.

크리스천은 예수님 안에서 죄에 대해 죽고 의에 대해 산다. 새 생명을 얻었다. 주님 안에서 새롭게 된 인생은 기도라는 새 호흡이 항상 필요하다. 거듭나지 않은 사람이라면 몰라도, 그분을 믿는 사람이라면 기도를 지속해야 한다.

시체는 숨 쉴 필요가 없고, 불신자는 기도할 필요가 없다. 그러나 신자라면 기도 호흡이 항상 필요하다.

★ 왜 기도가 어려운가?

우리는 꼭 기도해야 하고, 항상 기도해야 한다. 이 사실을 모르는 크리스천은 논리적으로 있을 수 없다. 그럼에도 기도는 늘 어렵다. 세 가지 이유가 있다.

첫 번째는 우리가 죄인이기 때문이다. E. M. 바운즈Edward Mckendree Bounds 목사는 "기도는 거룩한 일이라서 죄인인 나는 늘 기도하기를 싫어한다"라고 했다. 인간에게는 죄의 경향성이 있다. 죄인에게는 죄짓는 일이 자연스럽고, 거룩한 일은 어색하다.

두 번째는 하나님을 사랑하지 않기 때문이다. 사무엘 코울리지Samuel Taylor Coleridge는 "진정한 기도는 사랑에서 나온다"라고 했다. 기도는 하나님과의 대화이다. 하나님을 사랑하지 않는 사람은 그분과의 만남을 싫어한다. 그분은 거룩한 분이라서 가까이 갈 때마다 어렵다.

죄인이 거룩한 분과 만나면 회개로 일관해야 한다. 그분 앞에서 조금이라도 잘난 척할 수 없다. 심지어 자기 마음대로 살 수도 없다. 그분이 사랑하시는 걸 미워할 수 없고, 싫어하시는 걸 아낄 수 없다. 기도하면 얻는 것보다는 회개로

버릴 게 더 많아진다.

바울은 날마다 죽는다고 했다(고전 15:31). 크리스천도 기도의 자리에서 자아의 죽음을 경험한다. 하나님과 자주 만나면 자주 죽어야 한다. 죄에 죽고 또 죽어야 한다. 죽음이 쉬울 리 있겠는가!

세 번째는 기도의 환상 때문이다. 우리는 대체로 기도를 어렵고 특별한 일로 여긴다. 그러나 알고 보면 쉽고 일상적이다. 모세를 보라. 그는 하나님의 출애굽 비전에 순응하는 기도를 하지 않았다. 오히려 자신의 리더십이 잘 먹히지 않는다며 힘들어 죽겠다고 떼쓰는 기도를 했다(민 11:15).

한나도 구속사의 실현을 위한 거국적인 기도를 드린 적이 없다. 개인의 원통함과 분노를 해결하려는 작고 이기적인 기도를 했다(삼상 1:16). 다윗은 원수를 사랑하게 해달라는 거룩한 기도 대신에 보복해달라고 서슴없이 기도했다(시 35:1,26).

믿음의 조상들은 일상에서 솔직한 기도를 드렸다. 기도자는 위대하거나 거룩하지 않다. 다만 기도를 들으시는 분이 위대하고 거룩하시다. 이를 인정한다면 우리는 보다 쉽고 평범하게 기도를 다룰 수 있다.

일상의 기도

영성 작가 리처드 포스터Richard Foster는 '단순한 기도'라는 말로 기도의 평범함을 주장했다.

> 단순한 기도에는 좋은 것, 나쁜 것 그리고 흉한 것 모두가 섞여 있다. 단순한 기도는 일반적인 사람들이 일상적인 문제를 사랑하는 아버지 앞에 아뢰는 것이다. 그 기도에는 가식이 조금도 없다. 실제 우리의 모습보다 더 거룩하고, 더 순결하고, 더 성스러운 체하지 않는다.
>
> -리처드 포스터, 《기도》, 25쪽

맞다. 우리는 죄인이다. 그리고 하나님을 사랑하기 싫어하는 존재이다. 그러나 이는 기도의 장벽이라기보다는 오히려 기도를 해야 할 이유이다. 기도는 죄인에게 필요하고, 하나님과 깊은 관계를 만든다.

만약 아담과 하와가 죄를 짓지 않았다면 우리는 기도할 필요가 없었을 것이다. 또한 우리가 주님과 사랑으로 일치된 존재라면 역시 기도할 필요가 없다. 죄인이라서, 하나님을 사랑하지 않아서 우리에게 기도가 주어졌다. 기도는 예수님을 통해 하나님이 은혜로 주신 사랑의 선물이다.

하나님 앞에서 기도하는 자리는 기적과 같다. 그분과의 대화조차 불가능한 죄인에게 기도의 길이 열렸다. 우리는 예수님을 통해 하나님과 부모·자식 관계가 되어 담대히 기도한다.

그 기도는 대단할 필요가 없다. 죄인의 기도는 더럽다. 리처드 포스터의 지적처럼 우리는 일상의 문제로 기도한다. 다만 사랑하는 아버지께 드리기에 용납되며 열납된다. 거짓 없는 진솔한 대화는 그분의 사랑 안에서 가능해졌다.

물론 일상의 기도가 기도의 전부는 아니다. 그러나 기도 루틴을 짤 때는 훌륭한 시작 방법이다. 쉬운 시작이 곧 옳은 방법이다.

TEST 기도해야 기도한다

#8강 #하늘통신 #기도로기도를배운다 #기도의평범성 #항상기도 #일상기도

구약의 한나는 일상의 기도를 하다가 구원 역사의 획을 긋는 기도 응답인 사무엘을 받았다. 그와 같은 일이 기도 루틴을 실행하며 훈련하는 당신에게도 일어날 것이다.

1. 엘리야가 3년 6개월간 가뭄과 하나님의 침묵을 경험해야 했던 원인은 무엇인가?

2. '기도하려면 기도해야 한다'라는 말이 순환 논리의 오류가 아닌 이유를 설명해보라.

3. 기도 액션을 위한 세 가지 질문은 무엇인가?

4. 기도가 어려운 세 가지 이유는 무엇인가?

1)

2)

3)

5. 그동안 기도 습관이 없었던 이유는 무엇인가?

6. 당신에겐 언제, 어디서, 어떻게 기도하는 것이 평범한 일인가?

7. 새롭게 시작하려고 하는 기도 루틴은 무엇인가? 그 루틴은 시작하기에 쉬운가?

실 천 과 제

평범한 기도로 쉽게 시작하라. 예를 들어, 기도 습관이 전혀 잡혀있지 않은 상태에서 '40일 철야 금식기도'와 같은 루틴을 덜컥 짜지 말라. 그 대신 '매일 아침 식사 전 40초 기도하기', '예배 시작 20분 전에 도착해 개인 기도하기'와 같이 쉽게 시작하라.

우리는 평범한 기도로 시작해서 더욱 깊은 기도의 자리까지 가게 될 것이다. 기도로 기도를 배운다는 사실을 잊지 말라. 쉬운 루틴을 짜서 다음 단계로 나갈 때까지 반복하라.

내가 기도하지 않는 여섯 가지 이유

나는 바빠서 기도하지 않는다. 바빠도 밥은 먹는다. 바쁠 때도 교회 수련회는 다녀오고 설교도 한다. 심방도 하고, 화장실에도 꼭 간다. 결국 바쁘다는 것은 내게 기도보다 중요한 일이 늘 있다는 뜻이다.

또 나는 거룩이 싫어서 기도하지 않는다. 기도하면 거룩한 하나님 앞에 나가야 하고, 회개해야 하는데 죄성 짙은 자아가 싫어한다. 나뿐만이 아니라 선배 목사님도 그랬던 것 같다.

> 기도는 거룩한 일이라서 죄인인 나는 늘 기도하기를 싫어한다.
> -E. M. 바운즈

게다가 기도하면 하나님과 더 가까워지니까 하지 않는다. 기도하면 하나님과 친밀해지는데, 그러면 하나님 앞에 서서 그분의 말씀을 피할 수가 없다. 내 거짓된 자아는 그것을 늘 싫어한다.

그뿐만이 아니다. 하나님을 의지하기가 싫어서 기도하지 않는다. 기도를 가장 많이 방해하는 것들은 아이러니하게도 성경연구와 교회사역이다.

'기도할 시간에 책 한 권 더 읽고, 성도 한 사람 더 만나고, 칼럼이라도 하나 더 써야지!'

이런 식이다. 결국 내가 직접 하고 싶지, 하나님께 기도로 맡기고 의지하기가 싫다.

내가 기도하지 않는 이유는 또 있다. 능력의 통로로 쓰임 받게 되기 때문이다. 기도하면 하나님을 의지하게 되고, 그러면 능력이 나타난다. 문제는 기도를 통과한 능력은 내 것이 아니라 하나님의 것이라는 점이다. 그 결과로 내가 아니라 하나님이 찬양받으신다. 내 교만한 자아는 늘 스스로의 영광을 꾀하기 때문에 기도하기를 싫어한다.

하나 더 있다. 기도하면 내 자리가 아니라 성도들의 자리를 만들어주게 되니까 싫다. 기도하면 예수 그리스도의 본성에 전염되고, 그러면 명예의 전당(?)에 내 이름이 아니라 내가 섬기는 사람들의 이름을 올리기 위해 나를 희생하게 된다. 내 이기적인 자아는 그것을 늘 싫어한다.

-송준기, 《무서워 마라》, 198,199쪽

팀

네가 이겨야 나도 이긴다

군 작전은 팀 사역이다. 이를 가장 단적으로 보여주는 팀이 바로 특수 부대 침투 요원이 아닐까. 그들은 8-12명의 전문가들로 구성된 소그룹이다. 여기서 팀원은 저마다 구별된 역할을 맡는다. 먼저 팀원을 이끄는 대위 계급의 리더는 본부에서 하달된 임무를 변화무쌍한 전장 상황에 맞게 매분 매초 최적화한다.

그 옆에는 경험 많은 하사관 리더가 동행한다. 그는 현장을 검증하며 팀원 사이를 중재한다. 이하 하사관 계급의 팀원은 각각 폭파, 침투, 저격, 무기, 통신 전문가이다. 끝으로 임무 특성에 따라 장비 관리와 보급, 간호와 치료를 담당하는 사병이 추가되기도 한다.

작전 수행을 위해 팀을 구성하는 이유는 간단하다. 팀이 개인보다 더 효율적이기 때문이다. 생사를 가르는 판단을 적시에 내리고, 팀 목표를 향해 다방면에서 동시에 접근하여 최단 루트를 발견하며, 전장이 주는 긴장과 총체적 스트레스를 돌파하는 힘이 바로 '팀'이다.

아홉 번째 훈련은 '팀으로 움직여야 함'을 배우는 데 있다.

훈련 내용과 목표 

우리가 왜, 어떻게 팀으로 싸워야 하는지를
에베소서 2장과 4장을 중심으로 다룬다.
이를 통해 다섯 가지 질문에 성경으로 대답할 수 있다.

크리스천 팀은 어떻게 구성되는가.
크리스천이 팀으로 존재해야 하는 세 가지 목적은 무엇인가.
크리스천이 팀을 이루는 세 가지 방향성은 무엇인가.
팀 미션을 수행하는 세 가지 전략은 무엇인가.
디모데전서에서 소개하는 다섯 가지 싸움의 기술은 무엇인가.

왜 팀인가?

그리스도를 따르는 사람들이 모이면 교회가 된다. 성경은 이를 여러 가지 모습으로 설명한다. 예수 그리스도가 불러낸 사람들의 모임인 '에클레시아'(마 16:18), 영적 가족인 '오이코스'(막 3:33-35; 엡 2:19), 크리스천들 사이의 유기적 연합체를 지칭하는 '그리스도의 몸'(고전 12:27; 엡 1:23; 골 1:18), 예수 그리스도를 터삼아 성도들의 몸으로 지어 올린 '하나님의 성전'(고전 3:16), 크리스천 각각이 모여 건물 재료가 되는 '신령한 집'(벧전 2:5) 등이 그것이다.

성경이 보여주는 교회 정체성의 묘사가 흥미롭다. 교회는 객체로 존재하지 않는다. '공동체'로 존재한다. 성경에 근거하면 어떤 크리스천 전사도 외톨이가 아니다. 에베소서는 이렇게 강조한다.

그(예수)의 안에서 건물마다 서로 연결하여
주 안에서 성전이 되어가고
너희도 성령 안에서 하나님이 거하실 처소가 되기 위하여
그리스도 예수 안에서 함께 지어져 가느니라 엡 2:21,22

크리스천은 예수님의 말씀인 성경을 따른다. 우리는 '서로' 연결하며 '함께' 지어져 가는 존재, 교회이다.

팀 역할 구분

에베소서는 신약교회가 무엇인지를 다방면에서 보여준다. 4장에서는 크리스천이 팀으로 존재할 때, 각자 어떤 전문 영역들을 가지고 모였는지 설명한다. 여기에는 다섯 가지 팀 역할이 있다. 흔히 말하는 '사·선·복·목·교'(사도, 선지자, 복음 전하는 자, 목사, 교사)이다.

그가 어떤 사람은 사도로, 어떤 사람은 선지자로,
어떤 사람은 복음 전하는 자로,
어떤 사람은 목사와 교사로 삼으셨으니 엡 4:11

우리는 교회 울타리를 넘나드는 한 '팀'이다. 저마다 자신이 받은 은혜를 중심으로 어떤 종류의 획일화를 요구해도 소용없다. 개가 짖어도 기차는 간다. 교회의 교회다움은 주께서 책임지신다. 어떤 방해도 주님의 사역을 위협할 수는 없다.

주께서는 자신의 몸 된 교회를 구성하실 때 크리스천 각자에게 다른 역할을 구별해서 맡기셨다. 이어지는 구절은 다음 설명을 추가한다.

이는 성도를 온전하게 하여 봉사의 일을 하게 하며
그리스도의 몸을 세우려 하심이라

우리가 다 하나님의 아들을 믿는 것과
아는 일에 하나가 되어 온전한 사람을 이루어
그리스도의 장성한 분량이 충만한 데까지 이르리니
이는 우리가 이제부터 어린아이가 되지 아니하여
사람의 속임수와 간사한 유혹에 빠져
온갖 교훈의 풍조에 밀려 요동하지 않게 하려 함이라
오직 사랑 안에서 참된 것을 하여
범사에 그에게까지 자랄지라
그는 머리니 곧 그리스도라 엡 4:12-15

이 부분을 살펴보면, 팀 역할 구분의 목적·방향성·특징을 발견할 수 있다. 그 각각을 살펴보자.

목적: 우리는 왜 '팀'으로 존재하는가(12절)

★ 성도를 온전하게 하기 위해

그리스도께서는 우리에게 권능을 주셨다(마 10:1). 권능은 지속적인 기도와 말씀과 회개로 예수께 집중할 때 비로소 나타난다. 문제는 우리이다. 불신과 회개하지 않은 죄가 그리스도의 능력을 인간의 무능함으로 바꾼다.

그리스도께 속한 은혜가 죄인에게 임했음에도 그에 걸맞

은 생활이 없다면 능력도 없다. 세속에서 짓밟힌다. 맛을 잃은 소금이다. 연약하다.

그러나 한 사람이면 패하지만 두 사람이면 맞설 수 있다(전 4:12). 주님을 중심으로 모인 두 사람은 이긴다. 우리는 팀을 이뤄 서로를 더욱 온전한 크리스천이 되게 돕는다.

★ 봉사하게 하려고

옛날에 성전에서 지내며 기도와 예배로 주께 봉사하는 사람들이 있었다. 그들은 구약의 제사장들이었다. 예수 그리스도가 오셔서 성령님을 보내주신 후로 신약의 크리스천은 모두 영적 제사장으로 부름을 받았다(벧전 2:5). 그러므로 크리스천은 성전에서 봉사한다.

내부적으로는 각자의 심령 안에 성령의 불이 꺼지지 않게 서로 도우며 함께 모여 예배한다. 외부적으로는 온 세상이 주께 예배하는 사람들이 되게 전도와 제자 삼는 일에 헌신한다.

★ 그리스도의 몸을 세우려고

우리는 고난을 '함께' 받음으로써 그리스도의 몸을 '함께' 세운다. 교회는 그리스도의 남은 고난을 크리스천의 몸에 체득하는 과정이다(골 1:24). 교회가 그리스도의 몸인 이상 영광과 부활만큼이나 고난과 죽음도 숙명이다(롬 8:17). 우리는 그리스도와 함께 날마다 죽는다(고전 15:31). 그리고 함께 부활한다(빌 3:10-12). 우리는 함께 죽고 함께 산다(딤후 2:11).

크리스천이 팀으로 존재하는 또 하나의 이유는 고난과 죽음에 있다. 우리는 세속에서 살 길을 찾는 팀이 아니다. 오히려 죽을 자리를 찾아 함께 달려가기 위해 구성된 팀이다. 부활과 영광은 고난과 죽음 이후에 자연스럽게 주어지는 결과물일 뿐이다.

방향성: 우리는 어떻게 '팀'이 되는가(13절)

★ 예외 없이, "우리가 다"

우리나라는 5천 년 역사에서 공동체로 존재해왔다. 어릴 적 내 외가가 있는 마을에는 약 100가구가 서로 도우며 살았다.

심지어 세계화된 오늘날까지도 한국인은 국적보다 핏줄을 더 중요시한다. 경상도에서는 "우리가 남이가?"라고 외치며 끌어안고, 전라도에서는 "모다 거시기 해불자!" 하면서 끌어안는다. 국가와 지역의 경계를 넘나들며 한국인이 한국인을 만나면 너무나 반갑다.

이런 공동체 문화는 팀으로서의 교회 속성을 설명하기에 좋은 예다. 교회는 남녀노소, 빈부, 신분 차이를 떠나서 서로 끌어안는다. 내 안에 계신 예수가 당신 안에도 있다면 우리는 남이 아니고, '거시기'라는 말도 맥락에 따라 무슨 뜻인지 이해할 수 있다.

그리스도 안에 있는 한 처음 만나는 사람이라도 반갑게 맞이할 수 있다. 예외는 없다. 크리스천은 언제 어디서나 객체가 아닌 한 덩어리로, 개인이 아닌 팀으로 존재한다.

★ 그리스도 중심으로, "하나님의 아들을 믿는 것과 아는 일에 하나가 되어"

TFT(Task Force Team, 어떤 사업 계획 달성을 위해 별도로 설치하는 임시 조직)의 이합집산은 팀 과제가 결정한다. 다 함께 수행하려는 공통 업무에 따라 팀원 구성이 결정된다. 예를 들어 폭파 임무라면 폭파 전문가를 선두에 세울 것이고, 통신 임무라면 통신 요원이 주도한다.

크리스천 팀도 과제가 결정한다. 우리에게 주어진 공통 과제는 예수 그리스도이다. 우리가 언제 어디서나 팀이 될 수 있는 방법이 그리스도께 있다. 돌과 돌을 시멘트로 이어 붙여 벽을 만든다면, 성도와 성도 사이를 잇는 접착제는 그리스도이시다. 주님뿐이다. 크리스천 개개인이 예수님을 믿고 아는 일을 수행하는 한 그들은 팀으로 뭉칠 수 있다.

★ 그리스도를 향해서, "온전한 사람을 이루어 그리스도의 장성한 분량이 충만한 데까지 이르리니"

TM(Team Mission, 팀 사역)마다 방향성이 있다. 그리스도를 중심으로 뭉친 팀도 마찬가지이다. 우리에게는 공통 목적이 있다. 어떤 목표 지점을 향하든 공통 방향성 역시 예수 그리스도이시다. 그분뿐이다.

팀원 각자가 예수님처럼 성장하기 위해 임무를 수행한다. 전도, 예배, 교제, 사역 등 어떤 일을 하더라도 예수님을 중심으로 뭉칠 뿐만 아니라 주님 같은 사람이 되는 것을 목적으로 둘 때 한 팀이 될 수 있다.

'팀'으로 존재하는 사람들은 누구인가(14,15절)

★ 이타성, "어린아이가 되지 아니하여"

어린아이의 최대 특징은 이기심이다. 자기만 아는 상태를 벗어나야 어른이 된다. 어른들은 자신의 문제, 철학, 욕구, 기대, 감정 때문에 아무 데서나 울고 떼쓰지 않는다. 절제와 너그러움을 발휘할 줄 안다. 이기적이어서는 지혜롭지 못하다.

더 큰 세계는 늘 자기 바깥에 있다. 이기심은 무지를 불러온다. 공동 미션을 파괴한다. 팀을 해체한다. 이타성의 기초는 자기를 내려놓고 예수께 나아가 주님의 마음을 품는 일이다. 그때 팀이 제 기능을 한다.

★ 지속성, "요동하지 않게 하려 함이라"

진리는 하나이다. 예수 그리스도가 유일한 진리이다. 그러나 거짓은 다수이다. 그것은 다방면에서 예수 그리스도를 반대하며 들어온다. 팀은 거짓을 분석하지 않고, 진리에 집중할 뿐이다. 예수님의 예수님 되심을 성경을 토대로 함께 공유하며 비진리에 흔들리지 않는다.

그때 모든 팀 사역에 지속성이 가미된다. 옳은 일은 지속을 통해 매번 옳아야 한다. 흔들림 없는 진리로 함께 거짓을 쳐내는 사람들이 크리스천 팀이다.

★ 진정성, "오직 사랑 안에서 참된 것을 하여"

팀이 팀 되게 하는 또 하나의 전략은 진정성이다. 어떤 언행이든 진짜여야 한다. 겉과 속이 일치해야 한다. 맞으면 맞고 틀리면 틀리다고 해야 한다(마 5:37).

필요 이상의 생각은 금지이다(롬 12:3). 서로에게 있는 그대로 전하고 대해야 한다. 아프면 아프다고 말해야 한다. 언행의 바탕에는 그리스도의 사랑이 있어야 한다. 모든 일에 진실해야 한다. 진심은 통하나 거짓은 불통을 만든다. 작은 불씨 하나가 산맥도 태우는 법이니 작은 거짓이라도 경계하며 안팎의 진실함으로 팀원을 존중하라.

싸움의 기술

에베소서에서 5개 팀 역할(사도, 선지자, 복음 전하는 자, 목사, 교사)을 소개한다면, 디모데전서에서는 5개 전략(소명, 회피, 복종, 집중, 전우)을 보여준다. 이것은 팀 사역 전략과 맞아떨어진다. 먼저 다음 구절을 암송하라.

> 오직 너 하나님의 사람아 이것들을 피하고
> 의와 경건과 믿음과 사랑과 인내와 온유를 따르며
> 믿음의 선한 싸움을 싸우라 영생을 취하라
> 이를 위하여 네가 부르심을 받았고
> 많은 증인 앞에서 선한 증언을 하였도다 딤전 6:11,12

첫 번째 전략은 '소명' 확인으로 시작된다. 바울은 "오직 너 하나님의 사람아"라고 칭한다. 우리가 이미 3강과 4강에서 배웠듯 크리스천이 소속을 분명히 할 때 세속에서 싸움이 쉬워진다.

그리고 이어지는 말씀 "이것들을 피하고"는 두 번째 전략인 '회피' 전술을 보여준다. 이 전략 중심에는 진리 되신 예수님이 있다. 진리의 기준이 분명할 때 각종 유혹과 거짓과 어둠의 권세를 분별할 수 있다. 진리를 검처럼 휘둘러 유혹을 가르며 죄에 항전하라.

세 번째 전략은 '복종'이다. "의와 경건과 믿음과 사랑과 인내와 온유를 따르며"에서 '따르라'라는 명령에 주의하라. 크리스천 생존 전략의 핵심 중 하나는 그리스도를 따르는 데 있다. 우리 중 누구도 의, 경건, 믿음, 사랑, 인내, 온유 등을 저절로 이룰 수 없다. 이미 이를 완전히 소유하고 계신 예수님을 따라갈 때 이긴다.

네 번째 전략은 '집중'이다. "믿음의 선한 싸움을 싸우라 영생을 취하라 이를 위하여 네가 부르심을 받았느니라"에서 싸움에 맞서야 함을 배운다. 상상해보라. 만약 소년 다윗이 골리앗을 직면하지 않았다면 이길 수 있었을까? 어딘가에 숨었다면 다윗의 믿음이 어떻게 승리로 연결될 수 있겠는가?(삼상 17:45) 싸움을 피하지만 않아도 이긴다.

끝으로 다섯 번째 전략은 '전우'이다. 우리는 함께 싸운다. "많은 증인 앞에서"라는 말씀에 주목하라. 이미 사령관의 진격 명령이 하달되었다(눅 10:3). 그리고 같은 명령을 받은 사람들을 도처에서 만나게 하셨다. 그들은 동일한 방향을 향해 진격 중인 크리스천 팀원, 전우들이다.

때로는 사도, 선지자, 복음 전하는 자나 목사, 그리고 교사로서 같은 싸움을 싸우고 있다. 우리는 세상과 맞짱 뜰 때마다 팀으로 싸운다. 서로가 그리스도의 장성한 분량을 향해 정진하도록 도우며, 이타성과 진정성을 가지고, 예외 없이 예수 그리스도를 중심으로 뭉친다.

TEST 팀으로 존재하라

#9강 #네가이겨야나도이긴다 #팀전략 #믿음의선한싸움

1. 에베소서 4장 11절에 따르면, 크리스천 팀 구성원들의 다섯 가지 역할은 무엇인가?

   1)

   2)

   3)

   4)

   5)

2. 우리는 무엇을 위해 팀으로 존재하는가?(엡 4:12)

   1)

   2)

   3)

3. 팀으로 존재하는 세 가지 방향성은 무엇인가?(엡 4:13)

   1)

   2)

   3)

4. 팀의 세 가지 특징은 무엇인가?(엡 4:14)

1)

2)

3)

5. 디모데전서에서 소개하는 다섯 가지 싸움의 기술은 무엇인가?(딤전 6:11,12)

1)

2)

3)

4)

5)

실 천 과 제

1. 다음 성구를 암송하라.

오직 너 하나님의 사람아 이것들을 피하고
의와 경건과 믿음과 사랑과 인내와 온유를 따르며
믿음의 선한 싸움을 싸우라 영생을 취하라
이를 위하여 네가 부르심을 받았고
많은 증인 앞에서 선한 증언을 하였도다 딤전 6:11,12

2. 당신이 속한 사회에서 크리스천 팀을 구성하라. 회사라면 신우회를 열고, 학교라면 기독교 서클에 들어가거나 직접 만들어도 좋다. 만약 주위에 크리스천이 단 한 사람도 없다면, 무작위로 전도해서 그들 중 한 사람을 제자화하기 시작하라.

3. 이기려 하기 전에 이기게 도와주라. 크리스천으로 어떻게 생존할지 고군분투하기 전에 같은 고민이 있는 신앙 동료를 물심양면으로 도와주라.

게릴라전

제자감을 찾아라

흔히 고립되거나 전력이 약하면 약점처럼 보인다. 그러나 다른 측면에서 바라볼 수 있다면 오히려 훌륭한 전략이 된다. 예를 들어, 소규모의 특작 팀(특수 작전 팀)은 전면전을 피한다. 정보 팀과 공조해서 준비한 특수 작전을 비밀리에 실행한다. 게릴라전의 매력은 적은 전력으로 강한 적을 쓰러뜨리는 데 있다. 그들은 언제 어디서 무엇을 타격할지 모르는 팀으로 적국에 침투한다.

이들은 허허실실 싸우는 소수 정예이다. 전면전으로 치고 들어오는 대규모 부대와는 다르다. 눈에 잘 띄지 않는다. 게릴라 전략은 적에게 표적을 제공하지 않는다. 실체 없는 특작 팀의 존재는 적을 혼란에 빠뜨린다.

적이 대비책을 세우려고 해도 어디를 막아야 하는지 알 길이 없다면 성공이다. 몸집이 크면 클수록 게릴라 팀에 대한 대비책은 더 방대해져야 할 것이다. 전시에 한정된 자원을 효과적으로 분배해야 하기에 게릴라 요원들은 눈엣가시와 같다.

진리는 다수가 따르는 길이 아니다. 크리스천은 역사에서 거의 항상 게릴라전처럼 소규모였다. 오늘날 우리가 사는 환경에서도 진정한 크리스천은 늘 소수이다. 그러나 그 적은 수로도 적진을 누비고 다니며 적의 전력을 통째로 뒤흔드는 법을 알고 있다면? 생존, 그까짓 거.

열 번째 훈련은 '세속에서 영적 게릴라 전법을 어떻게 구사하는가'이다.

훈련 내용과 목표 

이 훈련을 통해
'당신의 적에게 실체 없는 적으로 존재하는
네 가지 방법'을 배운다.

침묵을 못 견딘 아합

이스라엘에 악한 왕, 아합이 있었다(왕상 16:28-33). 그는 적의 침묵을 견디지 못해 패배로 직진했던 인물이다(왕상 20-22장).

이웃 아람국 왕이 32개국 연합군을 구성해서 쳐들어왔다. 누가 봐도 이스라엘이 질 게 뻔한 싸움이었다. 하지만 하나님께서 승리를 약속하셨고, 아합은 자신의 군사가 아니라 하나님이 준비시키신 7천 명의 청년들로 인해 승리했다(왕상 20:13-15). 죽다 살았다.

문제는 승리 이후에 찾아왔다. 아합의 태도 때문이었다. 그는 하나님의 역사를 보았음에도 전혀 회개하지 않았다. 오히려 자신의 승리라고 자만했다.

사실 아합은 엘리야 선지자를 통해 이미 갈멜산에서 회개할 기회를 얻은 전적이 있다(왕상 18:1-46). 그때도 정신을 못 차렸던 그는 이번에도 회개하지 않고, 오히려 적군의 수장인 벤하닷을 살려서 돌려보냈다. 자신이 이긴 싸움이니 자기 마음대로 살려준 것이다. 하나님이 아닌 자신의 승리를 찬양하는 교만함이었다.

벤하닷은 돌아가면서 예전에 빼앗았던 땅을 돌려주겠다고 아합에게 약속했다.

"내 아버지께서 당신의 아버지에게서 빼앗은 모든 성읍을 내가 돌려보내리이다"(왕상 20:34).

그러나 화장실에 들어갈 때 마음과 나올 때 마음이 너무나도 달랐다. 그는 이후 3년 동안 아무것도 하지 않았다(왕상 22:1). 약속을 지키기는커녕 침묵으로 일관했다.

알고 보면 여기에는 벤하닷의 전략이 숨어있었던 듯하다. 아무 일도 하지 않는다면 오히려 적군의 수장인 아합이 못 견딜 터였다. 그는 분노할 것이고, 평정심을 잃은 사령관의 군대는 쉽게 약점을 보일 확률이 높았다.

아니나 다를까 벤하닷의 침묵을 견딜 수 없었던 아합은 자만하여 실패의 길로 갔다(왕상 22:2). 그리고 하나님 뜻과 상관없이 나대다가 길르앗 라못에서 비참한 최후를 맞이했다(왕상 22:29-39).

침묵도 전략이다

★ 침묵이 견디기 어려운 이유

아합뿐만이 아니다. 일반적으로 대부분의 사람은 침묵을 견디기 어려워한다. 아무것도 하지 않는 것, 아무 일도 일어나지 않는 건 누구에게나 불안하다. 어떤 문제 상황에서 가만히 있는 게 더 견디기 힘들다.

인간 본성은 어떠한 형태를 띠건 간에 공허감을 싫어한다. 우리는 침묵과 고독, 아무것도 하지 않고 빈둥거리는 걸 못 견뎌한다(이는 어쩌면 인간 최후의 공허, 즉 죽음에 대한 공포와 관련 있는지도 모른다).

-로버트 그린Robert Greene

인류의 범죄로 생명이 오염되었다(창 2:17). 에덴의 동쪽에서부터 죽음은 끈질긴 추격을 시작했다(창 3:24). 누구도 죽음에서 자유롭지 못했고, 죽음을 이길 수 없었다. 대를 거친 죽음은 모두에게 공포였다. 심지어 죽음을 연상하는 것들마저 두려움의 대상이 되었다.

생명은 반응하나 죽음에는 반응이 없다. 어둠과 침묵만 있을 뿐이다. 침묵은 죽음을 떠올리게 한다. 아무것도 하지 않음, 공허함, 외로움, 고통은 침묵의 다른 이름이며 죽음의 그림자이다. 그래서 무섭다.

★ 침묵을 역이용하라

그러나 크리스천에게 공허함은 반갑다. 늘 기도와 말씀을 중심으로 모든 일을 하려는 종족에게 침묵은 영적 밀월의 시간을 열어준다. 고요는 하나님을 독대하는 기회이다.

성경에는 아합 같은 사람들이 자주 등장한다. 그들만큼이나 우리도 하나님을 제쳐두고 나대다가 문제를 키우곤 한다. 하물며 하나님 없는 인생을 사는 이들은 침묵 앞에 어떻겠는가?

세상에서 만나는 대부분의 사람이 침묵과 공허함을 싫어한다는 점을 역이용하라. 당신의 약한 능력과 전력으로 세속에서 이기려면 '뱀 같은 지혜'가 필요하다(마 10:16). 빈 공간을 어떻게든 채우려는 일반적인 심리는 사람들의 약점이다. 이를 역이용하는 지혜를 배워라.

★ 침묵을 역이용하는 법

침묵을 역이용하는 전략을 이해하기 위해 이 질문에 대답해보라.

"세상이 당신을 공격하려고 해도 공격받을 실체가 없다면?"

모든 관계는 쌍방향이다. 때리는 사람 옆에는 맞은 사람이 있고, 욕하는 사람 옆에는 욕먹는 사람이 있는 법이다. 그러나 게릴라전처럼 실체 없이 작전을 수행하며 타깃을 제공하지 않는다면, 세상은 아합처럼 불안해져서 스스로 실패할 때까지 날뛸 것이다.

침묵을 못 견디는 사람들에게 침묵을 제공하라. 빈 공간을 못 견디어 시작한 섣부른 언행으로 자멸할 때까지 기다렸다가 마지막에 승리의 깃발을 꽂아라.

여기, 침묵 전략 프로세스 4단계가 있다.

1) 침묵의 역치를 높여라

검이 날카로울수록 검집은 필수이다. 침묵을 사용하려면 먼저 침묵에 익숙해져야 한다. 아합 왕에게 보냄 받았던 엘리야 선지자를 떠올려보라. 그는 사역 시작과 동시에 3년 6개월간 하나님의 침묵을 견뎌야 했다(왕상 17:1-24).

침묵을 통과했던 하나님의 사람이 어디 그뿐이었는가? 광야에서 홀로 지냈던 중년의 모세와 여자가 낳은 자 중에서 가장 큰 자였던 세례 요한은 어땠는가?

하나님은 어제나 오늘이나 동일하시다. 주님은 크리스천을 세상으로 보낼 때 먼저 광야의 침묵을 지나게 하신다. 거기서 까마귀보다 못하고 과부보다 낮은 자신을 발견하도록 인도하신다. 하나님 한 분께 고도로 집중하는 기도꾼으로 키워내신다(왕상 18:42).

캠퍼스 복음화를 위해 땀 흘리는 대학생 선교회 CCC 순장들은 1주일에 한 번 다 같이 '리트릿retreat'을 떠난다. 기도하러 간다. 말 그대로 모든 일을 중단하고 기도처로 '후퇴'한다.

침묵의 기회 즉, 아무것도 하지 않고 오직 기도와 말씀에 집중하는 정기적인 시간을 만들어라. 그리고 가만히 있기를 반복하여 익숙해져라. 그래야 세속에서의 침묵이 주는 불안도 견딜 수 있고, 스스로가 세상에서 빈 공간이 되어 존재할 수 있다. 세속에서 자신이 아무것도 아니라는 사실을 깨닫는

때를 믿음으로 통과하라. 작전상 후퇴하라.

2) 그리스도 앞에서 약해져라

침묵을 전술로 사용하기 위해 지녀야 할 매우 중요한 태도는 '약함'이다. 우리는 승리할 수 없다. 악하고 약하기 때문이다. 예수님만이 이기셨고, 이기시고, 이기실 것이다. 그분은 선하고 강하시다.

크리스천의 미덕은 겸손이다. 그리스도께 고개를 숙여야 한다. 목에 힘주면 세속의 꼬마에게도 털리는 게 크리스천의 본질이다. 사실 그리스도 없이 우리는 아무것도 아니다. 그리스도께 종속된 존재이다. 그 외에는 한낱 똥 덩어리이며 지옥의 땔감일 뿐이다(막 9:48; 빌 3:8). 날마다 그리스도 안에서 죽어야 그리스도로 인해 살 수 있다(딤후 2:11).

그리스도 앞에서 강하면 그리스도에게서 멀어진다. 그리스도로부터 멀어지면 승리에 소원해진다. 그분 앞에서 약해져야 이긴다. '자기부인'이 있어야 승리를 얻는다(마 16:24). 예수는 흥하여야 하겠고 본인은 쇠하여야 하겠다던 세례 요한처럼 우리도 줏대가 없어야 이긴다(요 3:30).

크리스천의 존재성이 크리스천에게 말한다. 예수 외에는 아무것도 아닌 존재처럼 살아야 이긴다고(엡 5:8; 약 2:12). 약해야 강하다고(고후 12:9).

3) 허허실실 싸워라

예수께서 이미 승리하셨다. 믿음으로 그분의 은혜를 입으면 우리도 승리한다. 문제는 승리 이후이다. 주님의 승리를 자기 것인 양 가로채지 않아야 한다.

아합 왕을 다시 떠올려보라. 하나님의 승리를 자신의 승리로 착각했다. 자아가 강하고, 자기부인이 없어서 그랬다. 이 때문에 아합은 비참한 말로를 향해 직진했다. 우리도 그의 전철을 밟지 않아야 살고 이긴다.

크리스천의 전략은 약함이다. 우리는 모든 일을 하면서도 잘되면 주님 탓으로 돌리는 종족이다(계 4:10,11). 자기 성공이 아닌 주님의 성공을 꾀한다(고전 4:13). 스스로를 무익한 종들이라 주장하며, 어떤 사역을 하든 적극적인 동시에 그 열매는 본인이 맺은 게 아니라고 주장한다(눅 15:19, 17:10).

스스로를 주님을 섬기는 일꾼으로 여기며 제자 키우는 일을 위해 희생되어 없어져 버려야 하는 사람들처럼 살아야 한다(요 12:24-26). 크리스천은 실체 없이 싸우는 그리스도의 그림자이다.

4) 소규모 특작 팀으로 존재하라

게릴라전의 핵심은 '제자 포섭'에 있다. 앞서 제시된 세 가지 침묵 전략으로 실체 없는 특작 팀이 되어 삶의 현장으로 침투하라. 높아지지 말고 낮아져라. 강해지지 말고 약해져라. 억누르지 말고 억눌려라. 모이지 말고 흩어져라. 흩어져서 적군을 포섭해서 아군으로 바꿔가라. 눈에 띄면 타깃이 되기 십상이다. 덩치가 클수록 공격하기도 쉬워서 전장에서 만만한 공격 목표가 된다.

20세기에 한창 유행했던, '많이 끌어모으기'라는 크리스천 부흥코드에 흔들리지 마라. 정신을 똑바로 차리고 진리를 붙들어라. 높은 자리나 높이 쌓아올린 황금 탑은 적의 눈에 잘 띈다.

적군의 눈을 피해 당신의 전쟁을 수행하라. 만나는 모두에게 허허실실 복음을 전하며, 그에 뜨겁게 반응하는 사람들 위주로 제자감을 발견하라.

제자화 사역 형태는 시대마다 달랐다

영적 게릴라전(소수의 제자감을 찾아 개별로 제자화 하기)은 이 시대에 더욱 적합한 승리 전략이다. 역사를 돌아보면, 교회 제자화 사역은 시대를 어떻게 보느냐에 따라 형태가 달라졌다.

예를 들어, 농사 혁명기의 교회 시스템은 농사에 비유됐다. 목사는 농부로, 성도와 세상은 '영적 경작지'로 보았다. 컴퓨터가 발달한 시대에는 사역 시스템과 프로그램을 각각

하드웨어와 소프트웨어로 비유했다.

한편, 공장 혁명기를 거쳐 산업 사회를 살았던 20세기 사람들은 교회를 공장 또는 회사로 보기도 했다. 그들은 목회자를 관리자나 중간 간부로, 성도를 부품이나 일꾼으로 보았다. 당시 교회 교육에도 공장 시스템이 그대로 반영됐다. 20세기는 공장 시스템의 득세 가운데 '빨리, 많은' 생산품을 만들어 파는 게 중요했다.

교회도 마치 컨베이어 벨트 위에 제품을 올려놓고 차례로 조립하는 자동화 공정처럼 성도들을 교육 시스템에 넣어 상위 단계로 진급시키는 제자훈련을 실행했다.

21세기에는 인터넷 네트워크를 통한 '진정성 있는 연결'을 훨씬 중요하게 여긴다. 인터넷 연결망으로 모두가 모두와 연결된 시대가 열린 지 벌써 10년이 넘었다. 그동안 제자화 사역의 일반적인 인식도 많이 변했다. 적어도 공장형 시스템은 거절당하는 추세다.

오늘날과 20세기 교회 사역의 큰 차이점은 바로 '대규모 VS 소규모'이다. 21세기에 태어난 사람들은 MSN(Micro Social Networking) 그룹을 중심으로 자발적 연결이 확산되는 경로를 따라 움직인다. 그들은 공장형 시대와 달리 작은 것, 관계가 깊은 것, 광고하지 않고 숨겨진 것을 더 좋아한다.

흥미롭게도 성경에서 21세기의 시대상을 더 가깝게 볼 수 있다. 오병이어 사건 직후에 환호하는 대규모 군중을 억지로 흩으셨던 예수님을 보라(마 14:22). 주님은 군중보다 열두 제자에게 더욱 마음을 쏟으셨다(마 14:22-33).

공생애 내내 보잘것없는 몇 사람으로 이뤄진 MSN 그룹에 집중하셨다. 창조주께서 이 땅에 오셨다면 훨씬 거창한 일을 하셨어야 하지 않을까 의심될 정도로 고작 12명을 제자화하는 데 그치셨다(고전 1:25-31).

그뿐만 아니라 제자들에게도 제자화를 부탁하셨다(마 28:19, 20; 요 14:12). 교회를 크게 쌓아올리고 많은 사람을 끌어모으라고 권유하시지 않았다. 오히려 제자들을 세상으로 파송하시며 "합당한 자를 찾아내어 너희가 떠나기까지 거기서 머물라"라고 명령하셨다(마 10:11). 명령에 순종한 제자들은 도처에서 특작 팀으로 존재하며 영적 게릴라전을 수행했다.

> 예수님이 말씀하시는 "합당한 자"란 두 가지 조건을 충족해야 한다. 그는 사역자의 개인적 필요를 공급하는 사람이며(마 10:9,10; 눅 10:7), 사역자가 전한 평안, 즉 복음을 받아들이는 사람이다(마 10:12-14; 눅 10:5,6).
>
> -송준기, 《끝까지 가라》, 104쪽

어중이떠중이를 끌어모아 공장처럼 '관리'하는 제자화 사역 시스템은 성경에 없다. 예수님의 제자화 전략인 '합당한 자 찾기'는 선택과 집중을 요구한다. 불특정 다수의 군중을 찾아 헤매지 말고, 열광하는 군중 심리도 좇지 말고, 다만 예수님의 전략대로 하라. 소수의 '제자감'을 찾아내서 그(녀)와 의미 있는 시간을 함께 보내며 동행하라.

TEST 소수의 제자감을 찾아라

#10강 #허허실실 #침묵역이용 #게릴라전 #소수의힘

언제 어디서나 소수의 제자감을 찾아 포섭하라. 다수의 어중이떠중이를 모아봤자 눈에 쉽게 띌 뿐이다. 실체 없는 게릴라로 존재하며 적에게 위협적인 소수가 되라.

1. 침묵을 못 견뎌 나대다가 비참한 죽음을 맞이한 북이스라엘의 왕은 누구인가?

2. 사람들은 왜 침묵을 싫어하는가?

3. '세상이 당신을 공격하려 해도 만약 공격할 실체가 없다면?'이란 질문은 당신에게 어떤 의미인가?

4. 침묵 역이용 전략의 4단계 프로세스는 무엇인가?
   1)
   2)
   3)
   4)

실 천 과 제

1. 침묵에 대처하려면 침묵에 익숙해져야 한다. 당신의 계획표에 특별한 리트릿(후퇴) 시간과 방법을 기획해 넣어라. 평소보다 오랜 시간을 기도와 말씀으로 침묵하며 의도적으로 하나님과 독대하는 시간을 구별해라.

2. 침묵 역이용 작전을 쓰려면 먼저 그리스도 앞에서 약한 사람이 되어야 한다. 이는 '자기부인'을 통해 확인 가능하다. 당신이 주님 앞에서 스스로에 대해 "NO"라고 외쳐야 할 본성과 언행들은 무엇인가? 글로 먼저 적은 후 하나씩 제거해 나가라.

3. 실체 없는 소규모 특작 팀으로 존재하라. 거창한 그룹을 이루거나 어떤 사역의 수장이 되려는 노력을 모두 접고, 단지 한 번에 한 사람에게만 집중하라. 보이지 않는 곳에서 기도하며 눈에 띄지 않는 방법으로 제자화 하라. 당신에게 '합당한 자'(마 10:11)가 누구인지 목록을 만든 후에 한 사람씩 깊이 만나라.

단기속결

죽음으로 배수의 진을 쳐라

《손자병법》 2장 '작전' 편에서는 전쟁의 속도를 다룬다. 그에 따르면 싸움은 졸속拙速해야 한다. 미흡하더라도 빨리 끝내야 한다. 전쟁에는 많은 비용이 들기 때문이다. 빨리 이길수록 큰 승리를 거둔다. 반면 많은 희생과 소모가 뒤따른 승리는 패배와 다를 바 없다. 지지부진한 장기전 후의 승리는 참된 승리가 아니다.

어떤 특작 팀도 장기전을 계획하지 않는다. 오히려 계획에 오랜 시간이 들더라도 실전에서는 속전속결을 지향한다. 속도를 중심에 두면 여러 이점이 있다. 우선 전장의 주도권을 쉽게 장악할 수 있다. 팀원들의 목적 집중력을 높일 수 있다. 그리고 지휘 통솔 프로세스를 최소화해 현장 결정력도 높아진다.

크리스천 생존법에서도 속도가 중요하다. 수천 년째 준비된 천국 능력으로 세속보다 매번 한 발 앞서 치고 빠질 수 있다면 어떨까?

열한 번째 훈련은 당신의 약한 전력으로 강한 적을 섬멸하기 위한 '단기속결 기술 습득'이다.

훈련 내용과 목표

영적 전장에서 유리한 고지를 선점하고(고지전),
목표 타깃에 끊임없이 집중하며(후퇴전),
적의 약점을 유린하는(제압전) 방법을 배운다.

배수의 진

단기속결 3요소를 설명하기 전에 할 말이 있다. 살겠다는 생각부터 버려라. 영적 싸움에서 승리하기 위해 세속에서 죽을 각오가 되어있는가? 죽음으로 배수의 진을 쳤는가? 당신이 신앙생활로 세상에서 얻고자 하는 것이 고작 가늘고 긴 삶인가?

사실 이런 질문들은 무의미하다. 왜냐하면 죽음은 크리스천이 선택할 수 있는 사항이 아니라 필수 조건이기 때문이다. 엄밀히 말하면, 죽음을 통과해야 크리스천이 될 수 있다.

크리스천의 죽음은 과거형이다. 그리스도와 함께 이미 죽고, 또 함께 부활한 인생이다(갈 2:20). 이미 내 자아가 죽고 다시 산 사람만이 영적 전사가 될 수 있다.

목숨이 당신 것이라고 생각한다면 크리스천 생존 수업을 들을 필요가 없다. 매사에 조심스럽게 오래오래 살아남을 길만 찾아다니면 된다. 그러나 지금 당신의 생명을 주님이 주셨다고 믿는다면 그리스도를 위해 살며 싸우다 맞닥뜨릴 죽음을 자랑스러워해야 한다.

이미 죽고 다시 얻은 인생이니 살 길을 찾지 마라. 교회에서든 세속에서든 크리스천으로 살다 명예롭게 전사하라. 오해 말라. 죽었다고 가정하고 최선을 다하라는 권유 따위가 아니다. 싸우다가 진짜 모든 면에서 죽으라는 이야기이다.

전인격적으로 순결을 지키고, 높은 도덕 수준을 유지하며, 하나님 뜻대로 언행하면서도 세속에서 가늘고 길게 살 수 있다는 생각은 버려라.

그리스도를 따르는 사람들이 그분의 부활을 믿으면서 골고다 고통의 길만큼은 피하겠다는 건 어불성설이다. 죽지 않았는데 어떻게 부활을 경험하겠는가? 영광스러운 부활은 비참한 죽음 다음에야 온다. 그래야 순서가 맞다.

어차피 살아있는 모든 것은 다 끝이 있다. 누구나 죽는다. 살아남으려 발버둥 쳐봤자 다 죽는다. 그러나 크리스천의 죽음에는 예외가 있다. 그리스도와 함께 죽으면 그리스도와 함께 살고, 죽지 않고 산다.

그리스도의 고난에 참여하며 날마다 죽어라. 그래야 크리스천이다(골 1:24). 크리스천은 죽음을 다른 관점으로 보는 사람들이다. 세상 사람들은 무서워 벌벌 떠는 죽음이 우리에게는 매일의 일과일 뿐이다.

언제나 부활을 믿으며 죽음 앞에서도 성큼성큼 정진하라. 부활을 모르는 세속은 죽음을 초월한 당신을 두려워할 것이다. 죽음의 다른 의미를 아는 사람만이 세상을 호령한다.

단기속결 3요소

이제 살 생각을 버렸는가? 그렇다면 단기속결 기술 연마에 들어가겠다. 단기속결은 '고지, 후퇴, 제압' 세 가지로 구성된 기술이다.

★ 고지

고지는 싸움에서 아군에게 유리하면서 적군에게는 불리한 위치이다. 아군이 가진 화력이 적에게 치명상을 입히는 최적지이며, 서로의 은폐와 노출이 엇갈리는 장소이고, 강점과 약점이 기막히게 교차되는 요충지이다. 약한 전력으로 강한 상대를 재빨리 제압하려면 고지를 선점해야 한다.

아합과 엘리야의 예를 들어보자. 바알을 섬기던 아합에게 엘리야는 의분을 품었던 것 같다(왕상 17:1,2). 이때까지만 해도 아합 왕 앞에서 그의 약점은 적은 숫자였다(왕상 18:22). 그는 반복해서 "나만 홀로 남았다"(왕상 19:10,14)라며 불리한 입장을 주장했지만, 하나님은 이를 통해 직접 역사하셨다. 약점을 강점으로 바꾸셨다.

비가 오지 않는 기간 동안 정작 엘리야는 무명지에서 숨어 지내야 했다. 하나님의 명령대로였다(왕상 17:3). 그는 함부로 싸우지 않았다. 적들을 피해 숨어 지내던 3년 6개월은 하나님만 의지하는 훈련 기간이었다(왕상 17:2-24). 하나님은 싸움판으로 뛰어나가려던 엘리야를 더욱 홀로 되게 하셨다.

이 훈련은 그가 아합 왕의 바알 선지자 450인을 혼자 죽일 수 있는 근거가 되었다(왕상 18:40). 하나님과 독대했더니 많은 수의 적들이 풍전등화의 입장에 놓였다. 홀로 남아 하나님과 지냈던 시간이 다수의 힘보다 위대했다.

선지자는 고지를 선점했다. 하나님께서는 약점과 강점의 교차점에 포석을 두셨다. '홀로 지내기'라는 포석은 훗날 엘리야가 갈멜산에서 자신의 약함으로 강한 상대를 무찌르는 무기로 작용했다.

선지자는 고지에 서서 최단거리로 선제공격했다. 일대일로 450번 싸우기 따위가 아니었다. 그는 세속적 논리를 신경쓰지 않고, 오히려 '하나님과 독대하기'라는 자신의 영성으로 싸웠다. 이런 고지 선점은 아합과 엘리야 사이의 대화에서도 돋보인다.

"엘리야를 볼 때에 아합이 그에게 이르되 이스라엘을 괴롭게 하는 자여 너냐"(왕상 18:17).

교묘한 질문이었다. 엘리야가 홀로 있다는 약점을 찔렀다. 이 질문 어디에도 하나님이 없었다. 아합은 철저히 그의 약점을 파고들었다. 고지전이었다. 엘리야는 고지를 빼앗기지 않고 이렇게 대답했다.

"내가 이스라엘을 괴롭게 한 것이 아니라 당신과 당신의 아버지의 집이 괴롭게 하였으니 이는 여호와의 명령을 버렸고 당신이 바알들을 따랐음이라"(왕상 18:18).

관점을 조금 바꾸니 고지를 선점할 수 있었다. 홀로 있는 것이 아합에게는 무능함으로 보여도, 선지자 엘리야에게는 하나님의 능력이었다. 그는 이 대답을 통해 많은 사람 앞에서 자신이 혼자라는 약점을 일축했다.

그리고 역으로 아합을 하나님 앞에 세웠다. 엘리야가 지난 세월 동안 하나님을 독대했던 훈련에 따라 이길 수밖에 없는 길로 들어선 것이다. 아합은 고지를 빼앗겼다.

"아합이 이에 이스라엘의 모든 자손에게로 사람을 보내 선지자들을 갈멜산으로 모으니라"(왕상 18:20).

아합은 엘리야를 사람들 앞에 '홀로' 세우는 데 실패했다. 그러자 자신의 사람들을 하나님 앞에 세우기로 결정했다. 싸움의 결과는 뻔했다. 고지를 빼앗긴 아합은 대패했고, 엘리야는 온 이스라엘에 큰 승리를 보였다(왕상 18:39).

고지를 선점하라. 당신의 강점은 하나님이다. 그것만이 하나님 없는 사람들의 약점이다. 당신도 약점과 강점이 교차되는 지점으로 가라. 어중간하게 불신세계에서 불신자 흉내 내며 싸우지 말고, '크리스천 VS 세상 사람'의 구도인 믿음의 자리로 가서 싸워라.

상상해보라. 만약 엘리야가 영적으로 하나님과의 독대 훈련을 하는 대신 물리적으로 군사를 모았다면 아합의 선지자들과 싸워 이길 수 있었을까? 하나님의 능력을 맛볼 수 있었을까? 갈멜산을 믿음으로 오를 수 있었을까? 거기서 믿음의 진검을 들 수 있었을까? 그 검을 휘두를 수는 있었을까?

성경을 보라. 그리고 엘리야를 보라. 당신의 약점으로 세상과 승부하려 들지 말고, 고지로 가라. 세상과 다른 전략으로 승부하라. 앞서 열 가지 강의를 통해 훈련한 내용을 반복하며 기도와 말씀의 자리로 가라. 하나님을 앞세워 싸워라. 마지못해 하는 신앙생활을 끝장내고, 깊고 오랜 기도와 말씀으로 하나님과 가장 친밀한 관계가 되라.

★ 후퇴

당신이 가진 적은 전력으로 적에게 치명상을 입히려면 최적의 타이밍을 노려야 한다. 이는 우연히 찾아오지 않는다. 적절한 공격 시기는 적절한 타이밍에 후퇴해 적군으로 하여금 여유를 부리게끔 틈을 만들어 내는 전략가에게 찾아온다.

적의 총공세가 몰아친다면 잠시 숨어있어라. 도저히 이길 수 없는 상황과 마주했다면 조용히 뒤돌아 당신의 전력을 감춰두라. 승리를 위해서라면 자존심도 잠시 접어두고 겨울을 맞이한 벌레처럼 침묵하라.

성경에서 후퇴의 예를 잘 보여주는 장면이 있다. 바로 "믿음의 방패"이다(엡 6:16). 영적 어둠의 세력이 아무리 사람과 환경을 통해 맹공을 퍼부어도 방패 뒤로 슬쩍 피하면 그만이다. 후퇴는 승리를 포기하는 것과 다르다. 패배를 위해 싸우는 군대는 없다. 싸움의 목적은 승리이다.

영적 전장에서도 마찬가지이다. 승리하신 예수님이 크리스천의 사령관이시니 패배가 예측될 때마다 주님 뒤로 후퇴하라. 사령관보다 앞서 진격하지 말고 그리스도께로 물러나

라. 그리스도를 향한 믿음 뒤로 도망하라. 거기서 믿음을 재확인하라. 그분은 일회적 구원을 위해 십자가를 지지 않으셨다. 어제의 구원자는 오늘도 동일한 구원자이시니 어떤 상황 가운데서도 그분을 구원자로 붙들어라.

후퇴를 좀 더 이해하기 위해 다시 엘리야를 떠올려보자. 그는 비가 오지 않던 기간을 지지부진한 싸움으로 허비하지 않았다(약 5:17). 아예 오랜 시간 전장을 떠나있었다(왕상 18:1).

엘리야의 후퇴를 보라. 자신의 최대 약점이 적군에게 가장 무시무시한 강점이 되기까지 숨어 지냈던 42개월에 비해 전장에서의 반나절은 짧기만 하다. 속전속결 승리의 비결은 후퇴였다.

아합 왕을 향해 오랜 가뭄이 있을 것이라 예언한 거룩한 선포 이후, 하나님은 엘리야에게 후퇴를 명령하셨다(왕상 17:2,3). 열왕기상 17장과 18장 사이에 그의 후퇴가 없었다면 어떻게 하루 만에 대승을 거둘 수 있었겠는가? 만약 그가 하나님의 명령을 어기고 자신의 자존심을 앞세워 아합 왕 앞으로 돌격했다면 어떻게 되었을까?

당신의 주변을 둘러보라. 이미 패배했거나 패색이 짙은 어떤 영적 전장에서 무엇을 계획하는가? 혹은 어떤 전략을 준비하고 있는가? 당신에게는 믿음의 방패가 있는가, 아니면 자존심을 앞세워 섣부른 진격만을 추구하는가?

패배한 전사가 전장을 슬그머니 빠져나가는 건 불명예스러운 일이다. 그러나 진정한 승리를 위한 작전상 후퇴는 눈부시다.

상처투성이여도 좋다. 승리를 향한 소망으로 번뜩이는 눈빛을 간직한 채 저지선 뒤편으로 숨어드는 특작 팀은 아름답다.

항상 싸우는 건 전력 낭비이다. 다 때가 있다. 약한 자가 강한 자를 상대로 아무 때나 공격해도 된다는 생각은 거만함이나 미련함이다. 속전속결을 위한 선제공격은 타이밍의 문제이다.

최단거리로 낭비 없이 진격하려면 자꾸 전장에서 떠나는 후퇴의 전사가 되라. 소명에 무책임하게 도망치라는 말이 아니다. 믿음의 방패 뒤로 숨어서 구원자 예수 그리스도께로 피해있으라는 소리이다. 대장님의 명령이 있을 때까지 기다려라. 인내의 열매를 맺으며 그리스도의 타이밍을 발견하라.

★ 제압

제압은 승리 후에 자칫 일어날 또 다른 장기전을 애초에 뿌리 뽑는 기술이다. 한마디로 '끝장내 버리기'이다. 다 이긴 싸움판이더라도 다시 한번 확인 사살해 마지막 숨통을 끊어놓아야 한다. 여기에는 자비가 없어야 한다.

두 번 다시 아군에게 고개를 쳐들지 못하게 적군의 씨앗까지 말려 버려야 속전속결이 완성된다. 만약 다 이겨놓고도 전후戰後 제압에 실패한다면 그 승리 때문에 다른 전쟁이 야기될지도 모른다.

엘리야 이야기로 돌아가 보자. 갈멜산 승리에 들뜬 마음도 잠시, 열왕기상 19장으로 넘어가면 조금 실망할지도 모른다. 엘리야가 후속 제압에 어떻게 실패했는지 함께 살펴보자.

> 아합이 엘리야가 행한 모든 일과
> 그가 어떻게 모든 선지자를 칼로 죽였는지를
> 이세벨에게 말하니
> 이세벨이 사신을 엘리야에게 보내어 이르되
> 내가 내일 이맘때에는 반드시 네 생명을
> 저 사람들 중 한 사람의 생명과 같게 하리라
> 그렇게 하지 아니하면 신들이 내게
> 벌 위에 벌을 내림이 마땅하니라 한지라
> 그가 이 형편을 보고 일어나
> 자기의 생명을 위해 도망하여
> 유다에 속한 브엘세바에 이르러
> 자기의 사환을 그곳에 머물게 하고 왕상 19:1-3

갈멜산 전투에서의 승리는 어쩌면 선지자가 기대했던 모

습 그대로였을 것이다. 문제는 승리 직후였다. 그가 기도로 하늘 문을 닫기도 하고 열기도 하는 모습을 온 이스라엘 앞에서 보였으나 상황은 전혀 달라지지 않았다.

1절을 보면 아합의 말 어디에서도 여전히 하나님을 볼 수 없다(왕상 19:1). 그는 하나님의 역사를 보고도 전혀 회개하지 않았고, 아내에게 쪼르르 달려가 엘리야의 만행(?)을 일러바치는 실망스러운 모습을 보였다.

예상과 달리 전개되는 상황에 엘리야는 그만 힘이 빠져버렸다. 고지전과 후퇴전에서도 사력을 다했던 그가 속전속결의 마지막 단계에서 쓰러졌다. 아마도 이런 생각을 했던 듯하다.

'승리하면 뭐하겠는가? 이전과 달라진 게 뭐가 있는가? 아합은 회개하지 않고, 바알과 아세라 선지자들을 지지하는 이세벨 여왕 역시 그대로이지 않은가? 이럴 바에야 차라리 죽는 게 낫겠다.'

선지자는 금세 도망자로 돌변했다(왕상 19:3). 하나님 앞에 죽기를 간절히 구할 뿐 더는 싸울 힘이 없었다.

> 여호와여 넉넉하오니 지금 내 생명을 거두시옵소서
> 나는 내 조상들보다 낫지 못하니이다 왕상 19:4

만약 3년 6개월 만에 몰려온 비구름을 등지고 아합 왕보다 앞서 달려간 엘리야가(왕상 18:46) 그 길로 이세벨에게 갔다면? 나머지 아세라 선지자 400명까지도 씨를 말려버렸다면?(왕상 18:19,40) 이후 두 번 다시는 이스라엘에 우상숭배가 고개를 들지 못하게 극단의 조치를 취해주었더라면?

그러나 실망스럽게도 엘리야는 우울증에 빠진 사람처럼 굴며 전장을 등진다. 로뎀나무 아래로 도망가서 죽고 싶어 할 뿐이었다(왕상 19:1-7).

승전한 그가 멈칫한 이유는 열심을 내봤지만 기대했던 결과가 나지 않았기 때문이다(왕상 19:10). 크고 강한 바람, 불, 지진 속에 하나님이 계시지 않는 것처럼 보였다.

여호와께서 이르시되
너는 나가서 여호와 앞에서 산에 서라 하시더니
여호와께서 지나가시는데
여호와 앞에 크고 강한 바람이 산을 가르고 바위를 부수나
바람 가운데에 여호와께서 계시지 아니하며
바람 후에 지진이 있으나 지진 가운데에도
여호와께서 계시지 아니하며
또 지진 후에 불이 있으나 불 가운데에도
여호와께서 계시지 아니하더니

불 후에 세미한 소리가 있는지라 왕상 19:11,12

엘리야는 싸우고 승리하는 방법에 특별한 기대감이 있었다. 대승했으니 아합과 이세벨도, 또한 이스라엘도 모두 하나님께로 돌아오리라 생각했다. 그러나 그 기대감이 충족되지 않자 그는 전의를 상실했다. 승리를 이어갈 수 없는 마음 상태가 되어버렸다.

그러나 하나님께서는 엘리야를 위로하시며 그분의 모습을 보이셨다. 선지자의 거창한 기대감 바깥에서 오히려 세미한 소리로 역사하시는 하나님을 보여주셨다.

이 이야기는 오늘날 우리의 싸움에 중요한 질문을 던진다. 우리는 예수 그리스도께서 이미 다 이기신 싸움을 하면서도 왜 끝장내지 못하는가? 어느 정도 선에서 자꾸 포기하고, 승리 이후 적을 끝까지 제압하지 못하는 이유가 무엇인가? 우리는 그리스도에게 속한 전쟁에서도 각자의 기대감에 투영된 승리를 바라보는 건 아닌가?

TEST 고지를 점령하고 전략적으로 후퇴하라

#11강 #단기속결 #고지 #후퇴 #제압

영적 전장으로 출정하며 부활 소망에 근거해 당신의 생명을 걸어라. 고지를 점령하고, 전략적으로 후퇴하며 적시에 적을 공격하라. 예수님이 이미 승리하신 싸움이니 끝까지 싸우라.

1. 단기속결의 전제 조건은 '생명 걸기'이다. 크리스천이 죽음을 바라보는 입장은 세상과 어떻게 다른가?

2. 단기속결의 3요소는 무엇인가?
   1)
   2)
   3)

3. '고지를 차지한다'는 의미는 무엇인가?

4. 당신은 후퇴를 통해 무엇을 해야 하는가?

5. 엘리야의 경우를 볼 때 적을 제압한 후에도 끝까지 승리하려면 무엇을 버려야 하는가?

실 천 과 제

1. 단기속결 3요소 훈련에 앞서 당신은 죽음을 어떻게 보는지 점검해보라. 적극적인 크리스천으로 살 때 당장 경험할 죽음에는 어떤 것들이 있는가?

   1)

   2)

   3)

2. 위 목록을 놓고 다음과 같이 기도하라.

"제 사령관이요 주인이신 예수님, 주님의 영광을 위해 살 때 저는 위와 같이 죽습니다. 이런 죽음 속에서 당신의 부활 영광을 맛보게 하소서. 어떠한 죽음 앞에서도 그리스도의 골고다 십자가를 묵상하며 부활 소망으로 고난을 통과하게 도우소서. 가늘고 길게 살다 상급 없는 천국 백성이 되고 싶지 않습니다.
무엇보다 주님을 두려워하며 주께 복종하여 짧고 굵게 살다 귀한 상급을 얻고 천국에 입성할 수 있게 축복하소서. 죽음을 두려워하지 않는 용사가 되게 하소서. 죽음을 초월하는 용기를 주소서. 조약돌 하나로 골리앗 앞에 맞서게 하소서. 850명의 바알 선지자들과 맞짱 뜨는 상황에서도 3년 6개월의 기도와 말씀 내공으로 당당히 싸우게 하소서.

'몸은 죽여도 영혼은 능히 죽이지 못하는 자들을 두려워하지 말고 오직 몸과 영혼을 능히 지옥에 멸하실 수 있는 이를 두려워하는' 크리스천이 되게 하소서(마 10:28).

예수님의 이름으로 기도합니다. 아멘."

3. 다음을 소리 내서 읽어보라.

- 나는 주변 모든 적을 향한 상세한 기도 목록과
  영적 응답의 경험을 가진 크리스천이다.
- 나는 성경 66권을 들고 자유자재로 말씀을 권면하는 사람으로
  세상 한복판에 우뚝 선다.
- 나는 신앙을 떠나 약점으로 싸우지 않고,
  그리스도가 내 최대의 강점이 되게 믿음의 정진을 거듭한다!

4. 후퇴를 위한 적용 목록을 작성해보라.

1) 예수님의 구원이 필요한 영역이 당신의 전장에 있다면, 그것은 무엇인가?

2) 그 전장에서의 후퇴는 구체적으로 무엇을 의미하는가?

3) 믿음의 방패 사용은 구체적으로 무엇을 의미하는가?

체력단련

지독한 독서로 세상의 초석을 꿰뚫어라

특작 팀 침투 요원이 생존하기 위해서는 강한 체력이 8할이다. 아무리 기술을 잘 습득해도 체력이 없다면 무용지물이다. 40킬로그램이 넘는 군장을 짊어지고 하루 수십 킬로미터씩 이동하는 건 당연하고, 추위, 더위, 굶주림 등의 열악한 환경에서 주어진 임무를 끈질기게 수행하려면 체력이 뒷받침되어야 한다.

영적 세계도 다르지 않다. 영력도 체력과 밀접하다. 제압전을 할 수 없을 만큼 흔들리던 엘리야 선지자의 회복을 보라. 성경에 의하면 그는 먹고 마시고 "음식물의 힘을 의지하여" 다시 하나님 앞으로 달려갔다(왕상 19:8).

하나님이 그의 영성이 아닌 체력을 회복하게 하심을 보라.

크리스천 존재로 세상에 투입되어 천국 작전을 수행하려면 체력은 필수이다.

크리스천 생존 수업 마지막 훈련은 '체력단련'이다.

훈련 내용과 목표 

몸은 영성을 담는 그릇과 같다.
몸이 무너지면 영성도 함께 흩어진다.
우리 몸을 이야기할 때면
육체와 정신으로 나눠 생각한다.
어떻게 몸과 정신을 단련하여 강하게 하는지 다루겠다.

몸과 마음을 관리하라

크리스천으로 살려면 강한 영성을 유지해야 한다. 앞에서 매일 기도와 말씀을 반복하는 루틴이 영성의 기본임을 배웠다. 이제 육체를 이야기할 차례이다. 훈련된 영성이 아무리 강건하더라도 관리하지 않아 약해진 몸과 마음으로는 담아내기 힘들다.

새 차를 사면 애지중지 관리한다. 엔진오일을 제때 갈아주는 건 기본이고, 안팎을 깨끗이 할 뿐만 아니라 정기적으로 정비하고 점검한다. 하물며 구원으로 새로워진 우리의 몸이랴.

당신이 크리스천이 되었을 때 몸 역시 그리스도의 것이 되었다. 이제 받은 구원을 이뤄가야 한다. 성경은 우리에게 명령한다.

그러므로 나의 사랑하는 자들아
너희가 나 있을 때뿐 아니라
더욱 지금 나 없을 때에도
항상 복종하여 두렵고 떨림으로
너희 구원을 이루라 빌 2:12

구원은 예수님을 믿음으로 말미암아 공짜로 받은 전적인 은혜의 선물이다(엡 2:8). 그러나 공짜라고 해서 별 볼 일 없을 것이라고 생각한다면 큰 오산이다.

예수님이 십자가에서 희생하여 주신 구원에는 주님만큼의 가치가 있다. 구원받은 사람은 이제 그에 합당한 행동을 해나가야 한다(마 5:20, 7:21). 예수님의 존재로 얻은 새로운 인생이니 모든 순간이 더없이 소중하다.

몸 관리도 예외가 아니다. 몸을 다루는 태도 역시 구원받기 이전과 이후가 크게 달라져야 한다. 크리스천의 몸에는 하나님이 거하시니(고전 6:19) 그에 맞는 관리가 필요하다.

몸 관리에는 음식 습관, 운동 습관, 독서 습관이 매우 중요하다.

음식 습관

의사이자 TED 강연가인 딘 오니시 박사Dr. Dean Ornish는 "대부분의 질병은 식습관을 바꾸면 예방이 가능하다"라고 말했다. 외국의 격언처럼 무엇을 먹는가가 그 사람이 누구인지를 결정한다.

콜라만 끊어도 음식 습관이 변한다. 밥 먹는 시간만 바꿔도 뱃살의 변화가 일어난다. 과일과 채소를 규칙적으로 먹기만 해도 배변 활동이 원활해진다. 여기서 잠깐 음식 습관과 관련해서 질문 하나만 던져보자.

"나는 하루 중 언제 마지막으로 음식을 먹는가?"

우리가 가진 습관들 중 '야식'은 고약하다. 늦게까지 깨어 있는 현대 사회에서 밤늦게 찾아오는 허기는 피하기 힘들다. 몸에 나쁜 줄 알면서도 멈출 수 없다.

야식이란 '잠들기 3-4시간 이내에 먹는 생수 이외의 음식'을 말한다. 알고 보면 야식도 중독이다. 이는 몸 관리의 실패를 의미한다.

우리 몸은 하나님의 성전이다(고전 6:19). 일찍 일어나 새벽에 기도하고 틈틈이 독서하고 일찍 잠들어야 한다. 야식은 방해가 될 뿐이다. 어느 배우가 말했다.

"밤에 너무 배가 고프다면 잘 때가 지났다는 신호입니다. 더 늦지 않게 잠자리에 들면 됩니다."

야식 습관이 몸에 어떻게 해로운지는 소화 기제만 살펴봐도 알 수 있다. 우리 몸은 소화기능을 통해 음식물을 신체 에너지원인 포도당으로 바꾼다. 그리고 인슐린이란 호르몬이 혈중 포도당 농도를 일정하게 유지시킨다. 그런데 포도당이 많아지면 몸에 독이 된다. 이 독을 막기 위해 우리 몸은 스스로를 보호한다. '포만감' 같은 보호 기능도 그중 하나로 적절한 때에 음식을 그만 먹게 유도한다.

그러나 우리는 세상을 살아가며 여러 가지 이유로 과식한다. 그때 인슐린이 출동해서 포도당 농도를 일정 수준으로 낮춰주는데, 야식은 이 기본기가 잘 안 먹히게 만든다. 과포도당 상태가 되더라도 인슐린이 제 역할을 하기 힘들다. 왜냐하면 우리 몸에는 내분비 리듬이 있는데, 인슐린은 주로 낮에 활동하기 때문이다.

야식으로 인한 과포도당 상태가 반복되면 문제가 심각해진다. 그중 가장 유명한 질병이 당뇨병이다(엄밀히 말하면 '대사증후군'이다).

게다가 질병보다 더 무서운 건 인슐린 분비 기관 자체가 상하는 것이다. 췌장 말이다. 이렇게 연결되는 인과 문제들이 끝도 없다. 좋은 음식을 제때 섭취하는 습관을 가져라.

그러니까 야.식.금.지!

운동 습관

어떤 운동이든 좋다. 1주일에 5회 이상 땀을 흠뻑 흘리는 운동 루틴을 만들라. 매일 일정 거리를 달린다든지, 자전거를 탄다든지 또는 턱걸이나 팔 굽혀 펴기 등으로 근력을 기르고 건강한 몸을 만드는 훈련을 하라(참고로 나는 매일 3킬로미터를 달리고 1주일에 한 번 10킬로미터를 뛴다).

운동이 우리에게 주는 좋은 점들은 셀 수 없이 많은데, 그중 하나는 뇌의 활성화이다. 왜 운동을 해야 하는지는 각 분야의 설명이 넘쳐난다. 최근에는 뇌와 관련된 설명이 돋보인다.

스스로를 '운동 광신주의자'라고 부르는 신경과학자 다니엘 월퍼트Daniel Wolpert는 "뇌의 목적은 복잡한 움직임을 가능케 하기 위함이다"라고 설명했다. 그에 의하면 뇌는 감각적 추론을 통해 움직임을 만들어내고, 심지어 어떤 움직임을 실행하느냐에 따라 인지를 크게 바꾸기도 한다.

이는 로봇 과학자들이 인간의 뇌와 운동의 역학 관계를 설명하기 위해 사용하는 베이지안 추론Bayesian inference에서도 확인할 수 있다. 감각 인지 데이터들과 선행 경험이 함께 작용해서 운동 예측 수준 혹은, '믿음 수준'을 형성한다는 이론이다.

어떤 수영 초보자가 있다. 그는 조금 전에 자유형 기법을 배웠다. 아직은 이론으로만 안다. 이제 물에서 스스로 연습해봐야 하는 상황이다. 그런데 이 초보자는 개헤엄을 평생 해왔다. 이 선행 경험은 새롭게 배운 자유형 기법 습득에 방해가 되었다.

베이지안 추론에 빗대어 그의 호흡법을 보자. 호흡을 위해 수면과 수평이 되게 고개를 살짝 돌려야 한다고 배웠으나(감각 인지 데이터1), 막상 물속에 들어갔더니(감각 인지 데이터2) 개헤엄 방법(선행 경험)이 작동해서 고개를 수평이 아닌 직각으로 치켜올렸다.

그는 '만약 새로 배운 호흡법을 사용하면 숨쉬기 힘들 거야'(운동 예측 수준)라고 생각했다. 새로운 기술을 배웠음에도 사용할 수 없는 이유는 스스로 만들어낸 '예측' 즉, '믿음' 때문이었다. 다행히도 이제 첫 연습일 뿐이다. 이 초보자는 연습 과정에서 잘못된 예측과 실패 경험을 바탕으로 개헤엄이 제일 안전하다고 여겼던 과거의 믿음을 조금씩 바꾸게 될 것이다. 그러면서 고수가 되어갈 것이다.

사람은 운동을 통해 뇌에 박힌 믿음 수준을 감각 인지 데이터들과 상호작용하며 계속 바꿔나간다. 운동은 뇌를 훈련해 성장시키고, 성장한 뇌 역시 더 높은 수준의 운동을 가능케 한다(실제로 음료수 캔 뚜껑 하나를 따는 동작에도 우리 몸의 크고 작은 근육 600여 개가 움직인다고 한다).

독서 습관

예수님은 우리에게 싸움의 전략을 주셨다. 바로 "뱀 같은 지혜와 비둘기 같은 순결"의 공존이다(마 10:16). 성경이 말하는 '뱀'은 사단이며(계 20:2), 그의 역할은 거짓말이다(요 8:44). 예수님이 말씀하신 '뱀 같은 지혜'란 사단이 지금 이 세상에서 어떤 거짓말을 하는지 아는 지혜이다.

그 뱀은 역사가 오래되었다. 창세기 3장에서부터 거짓말을 해왔다(창 3:1-5). 다행히 우리는 그 거짓말들을 책에서 읽을 수 있다. 역사가 책에 기록돼있기 때문이다.

신약교회 역사만 해도 2천 년이 넘는다. 영적 전장인 우리의 마음을 지키는 일과 크리스천으로서 세상에서의 생존이 어려운 건 어제오늘 일이 아니라는 소리이다.

한편 "뱀 같은 지혜"는 가까이에 있다. 누구도 맨땅에 헤딩할 필요가 없다. 책을 통해 역사를 읽으면 과거보다 나은 지혜로 대처할 수 있다. 지혜로 행할 수 있다. 우리는 크리스천으로서 세상에서 지혜로 생존하기 위해 책을 읽어야 한다.

문제는 인생에 주어진 시간에 비해 세상에 나온 책이 너무 많다는 데 있다. 독서는 웬만큼 선별해서 전략적으로 읽는 기술이 없다면 시간을 낭비하기 쉬운 영역이기도 하다.

크리스천 생존 수업의 마지막 과정은 독서법이다. 다음 네 가지를 기억하라.

1) 천천히 읽기

★ 잠언 읽기

성경은 '지혜의 책'이라고 해도 과언이 아니다. 그중에서도 문자적으로 '지혜'라는 단어가 가장 많이 등장하는 책이 잠언이다. 잠언을 읽어라.

매일 한 장씩 천천히 읽으며 묵상하고 지혜를 달라고 기도하라. 다른 모든 콘텐츠를 잠언의 지혜로 보는 시각이 생길 때까지 평생 반복한다는 목표로 꾸준히 읽어라. 좋은 약이라도 반복해서 먹어야 약효가 나듯이 잠언을 가장 좋은 지혜의 약이라고 생각하라. 인생의 마지막 날까지 날짜에 맞춰 잠언을 한 장씩 읽어라.

★ 인문고전 읽기

미국의 한 명문대학교는 4년 내내 100권의 고전을 읽고 토론하는 커리큘럼을 자랑한다. 그들은 고전 읽기가 어떤 단편적인 기술 습득보다 훨씬 더 중요함을 일찍 깨달았다.

각 분야의 고전을 읽어라. 특히 인문고전을 천천히 읽어라. 고전 독서를 통해 역사적 천재들의 뇌를 훔쳐라. 고전 읽기란 역사가 증명하는 각 분야의 대가들에게서 개인 멘토링을 받는 것과 같다.

인문고전 읽기는 하루에 3-5페이지 정도가 좋다. 고전을 설명하는 책보다는 고전 자체를 직접 눈과 머리로 읽어라. 시간을 정해서 꾸준히 진행하라. 당신은 크리스천이니 QT 정도는 해왔으리라. 그 안에 이미 고전 독서법이 들어있다. QT 하듯이 조금씩, 깊이, 오래 읽고, 그 내용을 누군가와 함께 나눠라. 고전 독서를 지루하더라도 반복하고 지속해야 실력이 된다.

★ 자기 분야의 고전 읽기

여러 분야의 고전을 읽어야 하나 특히 자기의 중심 분야에 더 많은 시간을 투자해야 한다. 나는 조나단 에드워즈Jonathan Edwards의 《신앙감정론》을 읽는 데 6년이 걸렸다. 처음부터 끝까지 한 번 훑고 나서 각 챕터별, 페이지별로 천천히 읽고 또 읽었더니 오랜 시간이 걸렸다. 고전을 누군가에게 책 없이 설명할 수 있을 때까지 반복하여 읽어라.

2) 빠르게 읽기

★ 성경 읽기

성경은 모든 인문고전의 가장 기초가 되므로 평생 반복해서 읽어야 한다. 성경 읽기는 두 가지 방법으로 반복하라.

첫째, 스토리 중심으로 빠른 속도로 통독하라. 오늘은 창세기 1-9장, 내일은 10-22장, 이런 식으로 66권을 죽는 날까지 반복하며 통독하라. QT 하듯이 묵상하지 말고, 이야기를 따라가며 읽어라.

둘째, 권별로 반복하라. 1월은 창세기 10번 읽기, 2월은 로마서 10번 읽기, 3월은 출애굽기 10번 읽기 등을 시도해보라. 횟수가 늘어나면 자연스럽게 가속도가 붙어 하루에 구약 한 번, 신약 한 번도 읽을 수 있다. 이 역시 반복이 관건이다. 때로 슬럼프가 오기도 한다. 그러나 멈추면 크리스천 생존에 실패하니 의무적으로든 의지적으로든 지속하라.

★ 베스트셀러 읽기

베스트셀러는 동시대를 읽는 좋은 방법이다. 이 시대의 많은 사람이 무엇에 관심이 있는지 파악할 수 있다. 출판사나

서점이 의도적으로 기획한 책들도 마찬가지이다. 베스트셀러는 서점에서 가장 잘 보이는 데 전시되어 있다. 한 번에 여러 권씩 집어 들어 목차contents를 중심으로 훑어보라.

베스트셀러는 수명이 짧고, 평이한 수준의 내용들이 주를 이룬다. 빠른 호흡으로 목차를 훑어나가되, 관심이 가는 챕터를 발견하면 잠시 멈춰 빠른 속도로 읽어보는 것도 좋다.

3) 글쓰기

수영 기법을 배웠어도 물에 들어가지 않으면 아무 소용이 없는 것처럼 독서를 해도 글을 써서 자기 생각으로 정리하지 않으면 지혜로 발전하기 힘들다.

독서는 글쓰기로 숙성된다. 책을 읽기만 하면 자신이 무엇을 읽었는지 알 수 없고, 어떤 의미가 있는지도 막연할 뿐이다. 독서 후 글쓰기는 두 가지로 나눠서 생각해볼 수 있다.

첫째, 짧은 글쓰기이다. 독서 후 한두 문장으로 자신의 생각을 적어라. SNS가 요긴하다. 트위터, 인스타그램, 페이스북, 링크드인, 유튜브 등 어떤 매체로든 당신의 생각을 표현하라.

둘째, 긴 글쓰기이다. 짧은 글을 쓰다 보면 자연히 조금 더 긴 글도 나온다(긴 글쓰기가 힘들다면 당신이 이전에 표현한 짧은 문장들을 모으면 된다).

또한 짧은 글쓰기로 SNS에 표현한 당신의 문장을 각각 연결해서 조금 더 길게 늘여 써보라. 이때 블로그를 사용하면 도움이 된다. 글 쓰는 폴더를 따로 만들고, A4 1쪽 이상 분량으로 쓴 글을 올려두라.

팁을 하나 주자면 "글을 잘 써야지"라고 생각하지 말고 그냥 생각나는 대로 써라. 대문호 헤밍웨이Ernest Hemingway조차 이렇게 말했다.

"모든 초안은 쓰레기이다."

블로그에 일단 올려둔 후, 나중에 더 빼거나 더할 문장이 없어질 때까지 반복해서 수정하다 보면 멋진 글이 나온다. 글쓰기 역시 반복을 지속해야 뇌에 지혜로 자리 잡는다.

4) 가르치기

독서의 꽃은 '가르치기'라고 할 수 있다. 글로 정리된 생각을 누군가에게 가르쳐봐야 온전한 당신의 것이 된다. QT나 성경통독으로 깨달은 내용을 전도한 사람에게 가르쳐보라. 돈 관리 방법을 다룬 책을 읽었다면, 같은 관심을 가진 직장 동료에게 점심이라도 사주면서 설명해보라. 인문고전을 함께 읽는 북클럽에 가입했다면, 돌아가면서 각 챕터별로 서로에게 이야기해보라.

반복해서 가르치다 보면 당신이 아는 것과 모르는 것, 혹은 더 알고 싶은 것들이 명확해진다. 게다가 독서한 내용이 당신에게 어떤 의미가 있는지도 더 분명해진다.

이어 떨어지는 물방울처럼
독서 한 페이지,
글쓰기 한 문장이 무한히 지속될 때
자아의 바위를 뚫고
세상의 초석을 흔들 수 있다.
멀리 보며, 지속해서,
독서가 습관인 사람이 되라.
역사의 지혜를 활용하는
크리스천 생존법의 대가가 되라.

TEST 체력을 단련하고 독서하라

#12강 #체력단련 #몸과정신을단련하라 #세상의초석을흔드는크리스천이되라

1. 우리는 왜 몸과 마음 관리에 남달라야 하는가?

2. 몸 관리를 위해 제시한 세 가지 습관 변화 영역은 무엇인가?

   1)

   2)

   3)

3. 음식 습관에서 예로 들었던 설명은 무엇인가?

4. 운동 습관을 위해 1주일에 몇 회 이상 땀 흘리는 운동 루틴을 제안했는가?

5. 독서 습관에 있어서 기억해야 할 세 가지는 무엇인가?

6. 크리스천 12강 생존 수업을 가르치거나 함께 훈련하고 싶은 사람은 누구인가?

실 천 과 제

1. 이 책을 덮은 후에도 지금까지 진행한 생존 수업을 삶에서 반복하며 지속하라.

2. 기도하며 제자감 한 사람을 골라라. 그리고 크리스천 생존 수업 12강 과정으로 초대해서 함께 훈련해보라. 인증 사진을 SNS에 올려 다른 사람들도 격려하라.

나는 자세한 '적용'을 다루지 않았다. 교회, 학교, 직장, 가정에서 경험하는 문제를 일일이 나열하지 않았다. 그 대신 성경에 나온 '원리'들을 소개했다.

성도들의 삶과 경험은 천차만별이다. 같은 성경 원리도 사람에 따라 다르게 적용된다. 내 임무는 성도 스스로 자기에게 맞는 원리들을 삶에 적용하게끔 이끄는 일이다.

흥미롭게도 이런 관점(원리를 먼저 이야기하고 그다음 스스로 적용하게 이끄는 것)은 로마서의 구조와도 일치한다. "로마서는 복음의 가장 완벽한 개요이다"(마르틴 루터Martin Luther)라고 할 정도로 복음의 정수가 담겨있다. 로마교회 크리스천들에게 복음을 전하기 위해 쓰인 이 책(롬 1:15)은 16장으로 구성되었다. 더욱이 로마서 12장은 원리와 적용의 분기점을 이룬다.

로마서가 11장까지 말해왔던 복음 원리들을 12장에서 어떻게 적용해서 실천하라고 권면하는지 함께 살펴보자.

2부

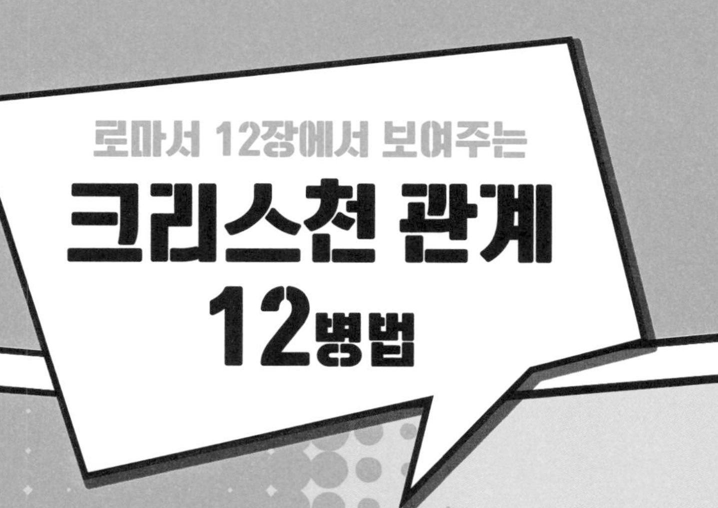

하나님 안에서 소속감을 가져라 1절

그러므로 형제들아
내가 하나님의 모든 자비하심으로 너희를 권하노니
너희 몸을 하나님이 기뻐하시는 거룩한 산 제물로 드리라
이는 너희가 드릴 영적 예배니라 롬 12:1

크리스천의 인간관계는 하나님과의 관계로부터 나온다. 당신이 세상의 크고 작은 사회에서 올바른 관계를 맺는 비결은 바로 예배이다. 하나님께 드려지는 산 제물로 살며 세상으로 나가라.

구약 시대에 제물은 죽임을 당했다. 당신도 죄에 대해 죽어라. 그리고 그리스도와 함께 부활해서 산 제물이 되어 하나님 존전에 거하라(히 4:16). 죄에 죽고 의에 산 자로 드려라(롬 16:19).

거룩하신 하나님께 드려지는 흠 없는 제물로 존재하라. 죄의 잠에 빠져 죽은 듯 지내지 말고, 회개와 믿음으로 깨어라. 산 것도 죽은 것도 아닌 좀비처럼 능력 없이 흐느적대지 말고 누구를 만나든 먼저 영적 예배자가 되라.

하나님 앞에 이미 드려진 상태로 펄떡여라. 언제 어디서나 예배자의 호흡을 유지하라. 어떤 사람 앞에 서더라도 먼저 '하나님이 기뻐하시는 거룩한 산 제물'이 되라.

기억하라. 어디서 누구를 만나든 당신은 하나님께 구별되어 드려졌다. 세상에서의 모든 만남 전후와 그 과정에서도 당신은 살아 돌아다니는 제물이다.

평정심을 잃지 마라 2절

> 너희는 이 세대를 본받지 말고 오직 마음을 새롭게 함으로
> 변화를 받아 하나님의 선하시고 기뻐하시고
> 온전하신 뜻이 무엇인지 분별하도록 하라 롬 12:2

크리스천은 늘 소수이다. 하지만 사회에서는 다수의 사람들이 중요한 요소라서 진리를 좇을 때 관계 문제에 자주 빠진다. 특히 많은 사람의 의견이나 방향성에 반대되는 행동을 해야 할 때라면 전의를 상실할 위험마저 있다.

큰 물결에 휩쓸리면 마음도 쉽게 무너진다. 많은 사람이 당신을 비난하고 나서거나 모두의 의견과 다른 선택을 해야 한다면 금세 좌절하거나 불안할 것이다.

이럴 때일수록 다수에 적극적으로 저항하라. 그들의 비진리에 끌려가려는 나약함을 진리로 다스려라. 마음의 방향을 주님께로 돌려 세워라. 평정심을 유지하라. 오히려 소수의 진리로 다수의 비진리를 이기겠다는 일당백의 전의로 새로 워져라.

하나님의 뜻은 진리이다. 무엇이 진리이고, 진리가 아닌지 주님 앞에서 분별하라. 다수의 물결에 휩쓸려도 고요히 진리를 묵상하라. 떠내려가는 중이더라도 더욱 무릎을 강하게 하며 엎드려 성경을 펼쳐라.

홀로 다른 길을 가더라도 진리라면 안심하라. 다수의 물결 바깥으로 떠내려간다고 해도 초월하여 불안하지 않을 평정심은 진리의 구별로부터 온다.

03

비교의식에 사로잡혔을 때

자신의 길을 걸어라3-8절

내게 주신 은혜로 말미암아 너희 각 사람에게 말하노니
마땅히 생각할 그 이상의 생각을 품지 말고
오직 하나님께서
각 사람에게 나누어 주신
믿음의 분량대로 지혜롭게 생각하라 롬 12:3

어떤 조직에서든 당신보다 실력이 월등히 뛰어난 사람을 만날 때 놀라지 말라. 당신이 예배하는 산 제물이라면 하나님의 광대하심 앞에 선 존재이니 흔들릴 필요가 없다. 어떤 실력자를 만나든 비교 대상을 바꾸라. 자신의 부족한 부분을 타인과 비교하는 대신 주님의 광대하심 앞에 당신을 세워보라. 그리고 누구든 함께 쓰임 받는 존재임을 기억하라.

또한 당신이 속한 사회에서 누군가 당신을 시기할 때도 마찬가지이다. 당신이 우쭐할 이유도, 심란해할 필요도 없다.

주께서 각자에게 맡기신 '분량대로' 쓰임 받는다는 걸 믿고 언행하라.

각 사회의 크고 작은 잣대에 일희일비하는 사람들 앞에서 묵묵히 겸손하게 자신의 길을 걸어라. 사회의 기준을 초월해 전체를 좌우하시는 하나님을 바라보며 한 번에 한 걸음씩 빼곡히 걸어라.

타인과 비교하며 자신의 한계를 넘어서려고 과도히 애쓰거나 질투의 대상이 되었다고 우쭐해져 더는 노력하지 않는 것은 둘 다 바보 같은 짓이다. 지혜는 상황에 개의치 않고 자신의 길을 계속 걸어가는 데 있다.

04 피아식별이 어려울 때
거짓 없는 사랑으로 이겨라 9,10절

사랑에는 거짓이 없나니 악을 미워하고 선에 속하라
형제를 사랑하여 서로 우애하고 존경하기를 서로 먼저 하며
롬 12:9,10

오늘날의 싸움에는 물리적 충돌이 거의 없다. 오히려 복잡한 암투가 점잖게 오간다. 때로는 호의처럼 보여도 적의일 때가 많다. 같은 편인 것처럼 굴면서 뒤로는 공격을 준비하는 사람들이 그렇다. 자신의 의도를 깊이 감추고 웃으며 접근하는 공격자가 있어도 놀라지 말라.

당신은 하나님께 드려진 산 제물, 그분께 소속된 예배자이다. 그분이 당신 편이시다. 주님이 당신의 아버지이시다.

아빠가 있는 아이는 고아의 사탕을 빼앗지 않는다. 너그러워져도 된다. 싸움을 거는 이들에게 같은 방법으로 맞서지 말고 진정으로 호의를 베풀어라. 적의 전략에 당해 주라는 뜻이 아니다. 적이 가진 이중성을 미워하되, '거짓 없는 사랑'으로 이겨라.

이를 위해 먼저 예배 현장에서 하나님의 눈으로 그를 보라. 당신을 공격하는 적군이 아닌, 그분이 찾으시는 한 영혼으로 보라. 거짓 호의와 암투에 쉽게 흥분하지 말고 차분히 그에게 하나님의 사랑을 주라.

05

과거의 실패에 발목 잡혔을 때
주께 전심전력하라[11절]

부지런하여 게으르지 말고
열심을 품고 주를 섬기라 롬 12:11

종종 당신을 힘들게 하는 건 현재가 아닌 과거이다. 과거의 미숙한 방법, 어리숙한 대처, 반복된 실패 등이 당신의 발목을 붙잡는다. 부정적인 과거의 사슬에 매이면 날개를 펼칠 수가 없다.

당신의 과거를 아는 적들이 전략적으로 활용해서 공격한다면 11절 말씀을 기억하라. 여기서 말하는 '부지런함'은 과거와 다른 방법을 사용할 줄 아는 지혜와 용기이다.

오늘의 실패를 과거와 같은 방법으로 돌파하려는 애씀을 용기 있게 포기하라. 새로운 방법을 구사하는 지혜를 만들어내라. 누군가 당신의 만족스럽지 않은 오늘을 발견했다면, 숨거나 도망치지 말라. 그 대신 과거를 상대로 전면전을 선포하라. 이전과 다른 방법으로 극복하라. 자꾸 뒤돌아보며 멈칫거리지 말고, 그리스도의 사람답게 현재를 충실히 살라.

사람 앞에서 당신의 과거가 부끄럽거든 이전 것을 지나가게 하시고 새롭게 만드신 주님께 더욱 집중하라. 그리스도의 능력으로 과거를 털어내고 선물처럼 주어진 현재를 부지런히 살라.

계속 기도하라12절

소망 중에 즐거워하며

환난 중에 참으며 기도에 항상 힘쓰며 롬 12:12

자라 보고 놀란 가슴, 솥뚜껑 보고 또 놀라는 법이다. 부정적인 인간관계는 감정을 오염시켜 다른 관계에도 영향을 미친다. 불필요한 상상력이 발동되어 근심과 불안이 꼬리에 꼬리를 물며 이어진다.

이럴 때는 감정의 근원을 바꿔야 한다. 인간관계가 어려워 앞이 깜깜해질 때는 멀리 봐야 한다. 그리스도를 향한 소망으로 시선을 돌려라. 당신이 인생의 마지막 호흡을 내쉬고 난 후 천국 입성의 날에 만나게 될 그리스도를 꿈꿔라.

소망은 인내와 기도로 연결된다. 특히 하나님을 향한 믿음과 소망 때문에 당신이 속한 사회에서 공격받고 있다면, 고난을 인내하며 기도에 집중해야 한다.

대충 얻어걸린 시간에 기도하는 게 아니다. "기도에 항상 힘쓰며"이다. 새벽이나 밤에 잠깐씩 기도하는 게 아니다.

인간관계에서 오는 부정적인 감정과 상상력이 당신의 마음을 갉아먹게 허용하지 말고, 기도에 매진하라.

07 보급이 끊겼을 때

공급하고 대접하라 13절

성도들의 쓸 것을 공급하며

손 대접하기를 힘쓰라 롬 12:13

세상의 경제력에 일희일비하지 않는 천국 백성이 된 자의 여유로 전세를 역전하라. 인간관계의 어려움 중 하나는 경제적 불균형이다. 가난은 어디서나 환영받지 못한다. 만약 당신이 빚을 졌다든지 큰 결핍이 생겨 씀씀이에 어려움이 생겼다면 명심하라. 그때가 더욱 복음의 빛을 보여줄 때이다.

부는 늘 상대적이며 삶의 방식에 달려있다. 당신 안에 계신 분은 세상 모든 만물을 창조하셨다(고전 8:6). "흩어 구제하여도 더욱 부하게 되는 일"이 있는 반면, "과도히 아껴도 가난하게 될 뿐"인 일도 있음을 기억하라(잠 11:24).

통장에 찍힌 액수로 공급과 대접의 방향을 결정하지 말라. 오히려 창조주 하나님을 아버지로 모신 자의 여유로 먼저 베풀라. 이 일은 당신이 부를 쌓을 기회이다. 재물의 많고 적음을 떠나서 당신이 줄 수 있는 것을 너그럽게 베풀어라.

무엇보다도 당신이 가진 것 중 가장 비싼 것을 흘려보내라. 그것은 다름 아닌, '복음'이다. 그 가치는 온 세계보다 크다(골 1:16). 복음은 당신이 거저 받은 선물이니(고전 1:29) 거저 나눠야 한다(마 10:8).

복음을 나누기 위해 이웃에게 차 한 잔 사줘라. 찻값이 없으면 물 한 잔이라도 떠다 줘라. 그러면 천국에 당신의 상급이 쌓일 것이다(마 10:42).

08 추위에 노출되었을 때

박해자를 축복하라 14절

너희를 박해하는 자를 축복하라

축복하고 저주하지 말라 롬 12:14

사랑을 받으면 마음이 따뜻해진다. 반대로 사랑을 받지 못한 사람은 심적 추위를 느낀다. 불신자들 틈에서 경험하는 한기에 몸서리치고 있다면, 대부분은 그들이 피운 사회적 모닥불 주위를 얼쩡대고 있기 때문일 것이다.

그러나 당신은 태양의 중심부보다 뜨거운 창조주의 사랑에 불붙어 있는 존재이다. 사회적 추위에 노출되었을 때조차 다르게 행동할 수 있는 사람이라는 뜻이다.

적을 물리치는 최선의 방법은 적이 애초에 적의를 품지 못하게 하는 것이다. 먼저 축복하라. 당신에게 차가운 얼음 비와 같은 말을 뿌려대는 사람들을 노트에 적어라. 그들의 이름을 주 앞에서 부르짖으며 축복하라.

하나님 앞에서 그들을 축복하는 자가 되어 관계 우위를 선점하라. 하나님께서 적과 상대하시게 하고 당신은 다만 축복하라. 만날 때마다 그들에게 '평안'을 빌어줘라.

축복은 더 높은 사람이 아닌 주님께서 주신다. 당신이 쿨한 사람이든 찌질이든 상관없다. 하나님 앞에 나가면 사회적 강자나 약자나 똑같은 죄인이다(롬 3:23). 이를 믿고 만날 때마다 '안녕'을 빌어줘라. 무엇보다 그들을 축복하라. 이렇게 기도해줘라.

"하나님, OOO을 축복하며 기도합니다. 그가 인격적으로 뜨겁게 예수 그리스도와 만나게 하소서. 예수님의 사람이 되게 하소서. 저보다 갑절이나 더 나은 기도자, 예배자, 전도자가 되게 하소서.

언제 어디서나 크리스천의 모범을 보이는 사람으로 만들어주시고, 매일 성경을 읽고 가르치며 만나는 모든 사람에게 복음을 전하는 자가 되게 하소서.

생업으로 얻는 수입을 주님께 영광 돌리는 일에 사용하게 도와주시고, 그를 통해 온 세계와 열방에 교회가 가득 세워지게 하소서. 기독교 역사에 한 획을 긋는 인물이 되게 하소서.

그가 가는 곳곳에 보혈의 씨앗들이 뚝뚝 떨어져 심기게 하소서. 씨앗마다 자라고 열매 맺어 또 다른 사람들에게 복음을 전하는 자가 되어 천국 확장이 일어나게 하소서.

그가 하는 일마다 30배, 60배, 100배의 열매를 맺게 하시고, 자자손손 하나님의 축복이 크게 임하는 가문이 되게 하소서. 예수님 이름으로 기도드립니다. 아멘!"

마태복음 10장 13절을 기억하라.

그 집이 이에 합당하면

너희 빈 평안이 거기 임할 것이요

만일 합당하지 아니하면

그 평안이 너희에게 돌아올 것이니라 마 10:13

09

높은 데서 떨어질 때

공감하며 겸손하라 15, 16절

즐거워하는 자들과 함께 즐거워하고
우는 자들과 함께 울라
서로 마음을 같이하며 높은 데 마음을 두지 말고
도리어 낮은 데 처하며
스스로 지혜 있는 체하지 말라 롬 12:15,16

당신이 높은 위치에 있다면 성경의 조언을 따라 공감 능력과 겸손함을 유지하라. 관계 문제로 진퇴양난에 빠졌거나 직위에서 추락 중이라면 더욱 위의 명령에 귀 기울여라.

평판을 잃고 사회적 네트워크가 무너지면 금세 추락한다. 어떤 식으로든 사회적 지지 없이 끝없는 전투를 벌이면 밑 빠진 독에 물 붓는 것과 같은 소모전으로 치닫는다.

복음을 가진 사람은 복음으로 산다. 그 중심에 예수 그리스도의 성육신이 있다. 그분은 "근본 하나님의 본체시나 하나님과 동등됨을 취할 것으로 여기지 아니하시고"(빌 2:6), "오히려 자기를 비워 종의 형체를 가지사 사람들과 같이 되셨다"(빌 2:7). 우리가 따르는 그리스도께서 "자기를 낮추시고 죽기까지 복종하셨다"(빌 2:8).

우리도 주님과 같이 복음을 아는 사람답게 겸손한 태도를 지녀야 한다. 그것은 공감 능력과 다르지 않다. 겸손한 자는 다른 사람이 웃을 때 함께 웃고, 울 때 함께 운다.

자기중심적인 태도를 버리고 당신을 에워싼 사회 구성원들과 희비를 함께하라. 이웃이 결혼한다면 식이 끝날 때쯤 가지 말고, 아침부터 가서 준비하는 사람들 옆에서 거들어라. 축하할 일이 있으면 카드나 선물을 보내라.

누군가 어려운 일을 겪을 때는 찾아가서 이야기를 들어주라. 그들의 문제를 분석하거나 함부로 조언하지 말라. 그저 옆에서 손을 꼭 잡아주라. 함께 기도하라. 이웃이 장례를 치를 때 그들의 아이들을 맡아주라. 빚을 갚지 못해 이사 가는 이웃의 짐 정리를 도와주고 함께 음식을 나누라.

그리스도께서 죄인과 함께하시려고 골고다에 오르셨으니, 우리도 서로를 주님처럼 대함이 마땅하다(고후 5:14; 요일 4:11).

심각한 상해를 입었을 때

선으로 악을 갚으라 17절

아무에게도 악을 악으로 갚지 말고
모든 사람 앞에서 선한 일을 도모하라 롬 12:17

악한 언행으로 당신을 공격한 적에게 의외의 선을 베풀어서 당황하게 하라. 적에게 딜레마가 되라.

악은 짙은 연결고리를 만들어낸다. 상처를 받아본 사람만이 상처를 줄 수 있다. 당신이 악을 악으로 갚으면 그 전투는 끝나지 않을 뿐더러 당신도 적과 똑같은 사람이 된다.

그리스도의 못 자국 난 손과 발을 보라. 가시와 창에 찔리신 흔적을 보라. 당신의 상처 대신 예수님의 상처를 바라보며 묵상하라. 그리고 당신 손발의 못을 뽑아 들지 말고 그분의 보혈을 보여줘라.

욕설을 들었거든 칭찬해주고, 오른뺨을 맞았거든 죄인에게 어울리는 모욕으로 알고 왼뺨도 돌려대라(마 5:39). 당한

만큼 돌려주는 건 싸움을 키울 뿐이다. 싸움을 확실한 승리로 끝내 버리려면 훨씬 크게 돌려줘야 한다.

두 번 다시는 적의를 품지 못하게 확실히 승리하는 싸움을 하라. 그 비결은 '선으로 악을 갚음'이다. 폭력을 고요한 선행으로, 욕설을 축복으로, 미움을 사랑으로 되돌려주는 것이다.

11 적과 대치했을 때

보복은 주께 맡겨라 18-20절

할 수 있거든 너희로서는 모든 사람과 더불어 화목하라
내 사랑하는 자들아 너희가 친히 원수를 갚지 말고
하나님의 진노하심에 맡기라
기록되었으되 원수 갚는 것이 내게 있으니
내가 갚으리라고 주께서 말씀하시니라
네 원수가 주리거든 먹이고 목마르거든 마시게 하라
그리함으로 네가 숯불을 그 머리에 쌓아놓으리라 롬 12:18-20

크리스천의 인간관계를 가장 잘 보여주는 대상이 있다면 바로 '원수'이다. 당신의 마음을 힘들게 하거나 상해를 끼친 적과 어떤 관계를 맺는지 생각해보라.

원수를 향한 직간접적인 보복이 세상의 일반적인 대처 방법이다. 그러나 크리스천은 다르다. 그들만의 방식을 따른다. 성경을 펼쳐 들고 예수님을 따라간다. 원수를 어떻게 대해야 하는지 성경의 명령은 모호하지 않다. 우리가 따르는 그리스도께서도 원수를 대하는 태도를 분명히 하셨다. 바로 '원수 사랑'이다(마 5:44).

원수를 사랑하라고 하면 당장 거부감부터 든다. 오히려 이런 생각들이 따라온다. '정의는 어디에 있는가?', '내가 원수를 사랑한다면 보복은 누가 하는가?', '나보고 그냥 당하기만 하라는 말인가?'

당연한 생각들이다. 그러나 다 오해이다. "원수 갚는 것이 내게 있으니 내가 갚으리라"(롬 12:19)라는 성경 구절에서 원수를 사랑하라는 배경에 주목해보자.

성경에 따르면 원수 갚는 일은 하나님의 업무이다. 당신이 보복해봤자 "눈에는 눈, 이에는 이" 정도밖에 못한다(레 24:20). 그러나 하나님이 직접 복수하신다면 곧 "핀 숯을 그의 머리에 놓는 것"과 같다(잠 25:22).

온 우주 만물을 창조하신 하나님이 우리의 보복자를 자처하셨다. 우리 손에 피 묻히지 말고 다만 원수를 사랑하고 축복하라고 하셨다. 복수는 하나님께 맡겨두라고 명령하셨다.

우리는 크리스천이다. 감히 하나님께 월권하지 않는다. 주께서 우리의 더러운 일(?)을 도맡아 해주신다. 죄를 씻어주시고, 구원해주실 뿐만 아니라 복수도 대신 해주신다.

보복을 주께 맡긴 자들은 복되다. 그들은 진정 믿음의 사람이다.

그래도 옳은 일을 지속하라 21절

악에게 지지 말고 선으로 악을 이기라 롬 12:21

"태어난 아이가 아들일 경우 다 죽이라"라는 명령 앞에 이러지도 저러지도 못했을 히브리인 부모들을 생각해보라(출 1:22). 그들에게 퇴로는 없었다. 어떤 선택도 죽음을 의미했다.

오늘날에도 크리스천에게 물러설 길은 없다. 세상을 살다 보면 선택이 필요한 상황에서 크리스천이기를 포기해야 하는 경우가 많다. 그럴 때는 지혜로 제3의 옵션을 만들어야 한다.

그리스도는 세상의 빛이다(요 9:5). 당신도 그렇다(마 5:14). 어둠이 볼 때 당신은 예수님과 동질이다. 크리스천 광원의 위치를 생각해보라(요 1:3-5, 8-14). 달빛의 근원이 태양이듯, 그리스도인은 그분의 빛을 반영反映한다(요일 1:7). 그리스도인만이 그리스도를 보여줄 수 있다.

당신에게는 어둠을 선택할 권한이 없다. 어둠과 어울리려는 빛은 자가당착이다. 크리스천의 광원은 본인의 것이 아니다(엡 5:8). 그리스도께서 스스로 자신의 빛을 포기하고 어둠과 타협하지 않으시는 한 우리에게는 '어둠에 순응한 생존'이라는 선택권이 없다.

우리가 지금까지 이야기해왔던 건 '타협법'이 아니라 '크리스천 생존법'이다. 그리스도를 버림으로써 세상에서 살아남는 법이 아니다. 그런 의미에서 그리스도의 빛을 잃은 사람은 크리스천 생존에 실패한 자다. 우리에게는 다른 선택이 없다. '어둠을 밀어낸 생존'만이 크리스천의 살 길이다.

어둠에 순응한 빛은 이미 죽은 빛이다. 백병전장白兵戰場에서 있는 군인처럼 우리는 '죽거나 죽이거나', '비추거나 사라지거나' 둘 중 하나를 선택해야 한다.

어둠이 볼 때도 마찬가지이다. 빛을 견딜 어둠이 어디 있겠는가? 빛이 찾아오면 어둠은 존재적 위협을 받는다. 빛을 만난 어둠은 빛을 쫓아내거나 동화되거나 둘 중 한 길로 가야 한다.

빛을 미워하는 어둠이라면 당신은 적대적 존재로 취급받을 것이고(요 15:18), 빛을 필요로 하는 어둠이라면 당신은 꼭 필요한 존재로 영광을 받게 될 것이다(벧전 2:12).

빛은 세상을 바꾸기 위해 특별한 일을 할 필요가 없다. 빛의 성질을 생각해보라. 가만히 있기만 해도 주변을 밝게 비춘다. 존재 자체가 공격적이다.

'빛을 비춘다'의 일차적 의미는 착한 행실이다(마 5:16). 그 선행은 그리스도인에게 특별한 일이 아니다. 그리스도와 함께 있기 때문에 주께서 원하시는 일을 할 뿐이다. 그리스도와 동행하면 어둠에 치명적인 공격자가 된다. 그리스도는 빛을 비추는 것이 무엇인지를 이렇게 말씀하신다.

이같이 너희 빛이 사람 앞에 비치게 하여

그들로 너희 착한 행실을 보고

하늘에 계신 너희 아버지께 영광을 돌리게 하라 마 5:16

빛을 필요로 하지 않는 어둠은 없다. 빛을 경험한 적이 없어서 어둠이다. 만약 어둠이 빛을 제대로 만난다면 이전에 느껴본 적 없던 온기와 밝기에 놀랄 것이다.

세상은 의외로 빛에 기대가 크다. 진리에 근거한 당신의 고결한 도덕성과 높은 수준의 사랑을 기다린다. 마치 그리스도께서 직접 삶의 현장에 다니신다면 일어날 법한 일들을 당신에게 기대한다.

그리스도인의 착한 행실이란 '사랑'이다. 그리스도는 세상에서 하나님을 나타내셨고(요 1:18), 그분 안에서 우리가 서로 사랑하면 세상에 하나님을 보여주게 된다(요일 4:12). 광원이신 그리스도의 사랑 가운데 거하면 우리도 그 빛을 반영하기 때문이다(요 15:4). 사랑은 특별한 행위가 아니라 자연스러운 결과이다. 빛의 속성이다. 존재 자체로 도전적이며 공격적이다. 착한 행실은 사랑뿐만이 아니다. 갈라디아서는 성령의 아홉 가지 열매를 증언한다.

> 오직 성령의 열매는
> 사랑과 희락과 화평과 오래 참음과
> 자비와 양선과 충성과 온유와 절제니
> 이같은 것을 금지할 법이 없느니라 갈 5:22,23

이들은 '크리스천이 따라야 할 아홉 가지 종교적 덕목들' 따위가 아니다. 성령 충만할 때 자연스럽게 맺는 결과이다(원문에 등장하는 "열매"καρπός의 문법적 수數만 봐도 알 수 있다. 복수가 아니라 단수이다. 말하자면 성령의 아홉 가지 열매'들'이 아니라, 성령의 열매 '한 개'라는 뜻이다. 따라서 하나의 열매가 가진 아홉 가지 속성으로 봐야 한다).

성령님 안에 크리스천 삶의 덕목들이 모두 속했다. 선한 행실을 가능하게 하는 근원이 있다. 그저 성령 충만하면 저절로 착한 행실을 하는 존재적 속성들이 따라온다. 성령의 사람이 되었을 때 사랑, 희락, 화평, 오래 참음, 자비, 양선, 충성, 온유, 절제의 사람이 된다.

빛을 버리지 말고 세상에서 빛이 되라. 세상 한가운데서 크리스천으로 존재하며 당신의 선한 행실로 예수님의 빛을 전염시켜라. 어둠을 파괴하는 빛이 되고 어둠을 무서워하는 빛이 되지 말라.

"악에게 지지 말고 선으로 악을 이기라"(롬 12:21).

#예수쟁이

30년 전에 세상에서
"예수쟁이"라는 말을 해댈 때면
이런 느낌이었다.
일과 마치고 좀 놀다 가자고 끌고 다녀봐도
욕 한마디 할 줄 모르며 "교회 가자"라고 하고
노래방에서는 아가씨들 옆에 앉혀줘도
자신은 가정이 있다며 혼자 찬송가를 불러대던,
분위기를 전혀 맞출 줄 모르는 바보 애송이들.
"좋은 게 좋은 거다"라며 아무리 편법을 제시해도
법대로 해야 한다며 홀로 'FM'을 주장해서
자주 미움을 받던 회사 왕따들.
자기도 사글세 사는 주제에
산동네에 연탄을 사다 주자며 돈 걷으러 다니고,
도시락 싸들고 다니던 주제에
독거노인들과 고아들에게 쌀을 사다 대던 천사들.
어딜 가도 자꾸 튀는 행동을 하고,
불의가 일반화된 사회에서
돌 맞을 옳은 소리만 골라 해대던 혁명가들.
돈 욕심도 없어 보이고,

자꾸 기도하고 예배드리려고 하고,
두껍고 너덜거리는 성경책을 늘 들고 다니며
틈만 나면 교회 가자고 해대던 광신도들.
그들은 함께 있으면 매우 불편했지만,
딱히 그들을 공격할 이유는 찾을 수가 없어
막연히 거리를 두려고 무지 애를 썼던 사람들, 이방인들.
이상하게 슬그머니 존경하게 되던 인간들.

비록 세월이 지나면서
많은 예수쟁이가 세상을 떠나갔지만
그 신앙의 모범을 전수받아
예수 그리스도께 집중하며 사는 예수님의 사람들은
지금도 세상 도처에서 예수쟁이로 살며,
서로 사랑하며 여전히 '교회'라는 이름으로 모이고 있다.
어두울수록 별은 더 빛나는 법.
세상에서뿐만 아니라
교회 안에서도 예수께 집중하기 위한 싸움을 싸우며
주께서 맡기신 '천국 열쇠'(마 16:19)를 들고 나와
삶의 모든 장소에서 당신도 예수쟁이로 살아보라.

당신이 이겨야 나도 이긴다

소목장이나 대목수, 수레바퀴공, 수레 거푸집 장인과 같은 명장들도 후학들에게 곡척의 원칙을 가르쳐줄 수는 있으나, 명장의 솜씨를 만들어줄 수는 없다. 그것은 오로지 자득하는 것이다.

-배일동, 《독공獨功》, 42쪽

예수님이 제자들에게 하셨던 말씀을 기억하라.

그러나 내가 너희에게 실상을 말하노니
내가 떠나가는 것이 너희에게 유익이라
내가 떠나가지 아니하면
보혜사가 너희에게로 오시지 아니할 것이요
가면 내가 그를 너희에게로 보내리니 요 16:7

예수님이 열두 제자와 동행하실 때보다 더 큰일이 지금 우리에게 일어나고 있다. 성령께서 우리와 동행하신다. 성령 하나님은 안팎에서 성경을 통해 당신을 가르치고 훈련하신다. 그러나 그분 역시 인격적이셔서 당신에게 함부로 하지 않으신다. 진리를 가르치고, 진리로 인도하심에도 당신이 직접 삶의 물결 속에서 크리스천 생존 영법泳法을 자득하기를 기다려주신다.

여기까지 책을 읽은 걸로 보아 당신은 크리스천 생존 수업에 지적 동의를 한 듯하다. 지난 수업은 이미 당신 것이 되었다. 그러니 이제 연습을 시작하라.

책 내용을 때때로 떠올리며 하나씩 적용해보고, 실패해보고, 또 업그레이드해보라. 예수님 안에서 회개로 죄를 털어버리며 매일 새로 시작하라. 전략을 숙지하라. 지혜는 성경에 있으니 가져다 써라.

그대는 위대하신 하나님의 특별한 자녀이다. 당신을 만나서 함께한 시간은 내게 큰 특혜이자 영광이었다. 책을 마치며 당신을 향한 사랑과 그리움을 담아 반복한다.

"당신이 이겨야 나도 이긴다."

그리스도의 사랑을 받는 한 교회는 객체가 아닌 공동체이다. 교회는 그리스도와 한몸이기에 당신의 패배가 교회의 패배이고, 당신의 승리가 교회의 승리이다.

나는 이 마음을 품고 가르쳤으니 당신도 오늘부터 또 다른 누군가와 훈련하며 익혀라. 예수님의 마음으로 제자 한 사람을 심장에 품고 격전하라!

크리스천 생존 수업

초판 1쇄 발행 2019년 3월 18일

지은이 송준기

펴낸이 여진구
책임편집 김아진, 권현아
편집 안수경, 최현수, 이영주, 김윤향
책임디자인 노지현 | 마영애, 조아라
기획 · 홍보 김영하
마케팅 김상순, 강성민, 허병용
제작 조영석, 정도봉

해외저작권 기은혜
마케팅지원 최영배, 정나영
경영지원 김혜경, 김경희

이슬비전도학교 최경식
303비전장학회 & 303비전꿈나무장학회 여운학
303비전성경암송학교 박정숙

펴낸곳 규장

주소 06770 서울시 서초구 매헌로 16길 20(양재2동) 규장선교센터
전화 02)578-0003 팩스 02)578-7332
이메일 kyujang0691@gmail.com
홈페이지 www.kyujang.com
페이스북 facebook.com/kyujangbook
인스타그램 instagram.com/kyujang_com
카카오스토리 story.kakao.com/kyujangbook
등록일 1978.8.14. 제1-22

책값 뒤표지에 있습니다.
ISBN 978-89-6097-573-6 03230

규 | 장 | 수 | 칙

1. 기도로 기획하고 기도로 제작한다.
2. 오직 그리스도의 성품을 사모하는 독자가 원하고 필요로 하는 책만을 출판한다.
3. 한 활자 한 문장에 온 정성을 쏟는다.
4. 성실과 정확을 생명으로 삼고 일한다.
5. 긍정적이며 적극적인 신앙과 신행일치에의 안내자의 사명을 다한다.
6. 충고와 조언을 항상 감사로 경청한다.
7. 지상목표는 문서선교에 있다.

하나님을 사랑하는 자 곧 그의 뜻대로 부르심을 입은 자들에게는 모든 것이 合力하여 善을 이루느니라(롬 8:28)

규장은 문서를 통해 복음전파와 신앙교육에 주력하는 국제적 출판사들의 협의체인 복음주의출판협회(E.C.P.A:Evangelical Christian Publishers Association)의 출판정신에 동참하는 회원(Associate Member)입니다.